# tô nem aí!

**o que falam sobre mim não é problema meu**

Copyright© 2022 by Literare Books International
Todos os direitos desta edição são reservados à Literare Books International.

**Presidente:**
Maurício Sita

**Vice-presidente:**
Alessandra Ksenhuck

**Diretora executiva:**
Julyana Rosa

**Diretora de projetos:**
Gleide Santos

**Capa:**
Danilo Scarpa

**Diagramação e projeto gráfico:**
Gabriel Uchima

**Revisão:**
Ivani Rezende e Leo A. Andrade

**Relacionamento com o cliente:**
Claudia Pires

**Impressão:**
Plena Print

---

Dados Internacionais de Catalogação na Publicação (CIP)
(eDOC BRASIL, Belo Horizonte/MG)

C277t    Carício, Andreza.
         Tô nem aí! O que falam sobre mim não é problema meu / Andreza Carício. – São Paulo, SP: Literare Books International, 2022.
         16 x 23 cm
         ISBN 978-65-5922-283-4
         1. Literatura de não-ficção. 2. Autoconhecimento. 3. Técnicas de autoajuda. I. Título.
                                                                   CDD 158.1

Elaborado por Maurício Amormino Júnior – CRB6/2422

---

Literare Books International.
Rua Antônio Augusto Covello, 472 – Vila Mariana – São Paulo, SP.
CEP 01550-060
Fone: +55 (0**11) 2659-0968
site: www.literarebooks.com.br
e-mail: literare@literarebooks.com.br

# SUMÁRIO

**INTRODUÇÃO** ............................................................................. 5

**CAPÍTULO 1:**
**VOCÊ VERSUS OS OUTROS. QUEM ESTÁ NO CONTROLE DA SUA VIDA?** ....... 16

**CAPÍTULO 2:**
**POR QUE VOCÊ SE PREOCUPA TANTO COM OS OUTROS** .......................... 34

**CAPÍTULO 3:**
**DE ONDE VEM O MEDO DA OPINIÃO ALHEIA** ........................................ 50

**CAPÍTULO 4:**
**A SOLUÇÃO ESTÁ DENTRO DE VOCÊ** .................................................. 74

**CAPÍTULO 5:**
**O CAMINHO DO AUTOCONHECIMENTO** ............................................... 100

**CAPÍTULO 6:**
**A VERDADE DO OUTRO É SÓ A VERDADE DELE** ..................................... 130

**CAPÍTULO 7:**
**ASSUMA OS RISCOS** .................................................. **148**

**CAPÍTULO 8:**
**CHAME O MEDO PARA TOMAR UM CAFÉ** ................. **176**

**CAPÍTULO 9:**
**NÃO QUEIRA SER ACEITO, QUEIRA SER AUTÊNTICO** ................. **204**

**CAPÍTULO 10:**
**TENHA CLAREZA SOBRE SEUS DIREITOS E DEVERES** ................. **218**

**CAPÍTULO 11:**
**NÃO TENHA MEDO DE SER LUZ** .................................. **230**

**CAPÍTULO 12:**
**CRIE A VIDA QUE QUER PARA VOCÊ** ........................... **250**

**CAPÍTULO 13:**
**O SIM COMEÇA EM VOCÊ** ......................................... **268**

# INTRODUÇÃO

*Acaso busco eu agora a aprovação dos homens ou a de Deus? Ou estou tentando agradar a homens? Se eu ainda estivesse procurando agradar a homens, não seria servo de Cristo.*

*Gálatas 1:10*

Quando eu era pequena, escutava muito a frase: "Andreza, cuidado com o que os outros vão falar de você". Cresci ouvindo esse alerta de minha mãe e de meu pai. Sei que eles falavam com o intuito de me proteger, mas levei tão a sério que acabei me tornando uma adulta extremamente preocupada com a opinião dos outros.

O que as pessoas poderiam falar a meu respeito era algo que me assustava. Passei muito tempo vivendo o medo de ser julgada. Media minhas palavras e atitudes para não desagradar, incomodar ou ser considerada inadequada. Foi essa dor que me motivou a escrever este livro. E o que compartilho aqui são os caminhos que encontrei para mudar minha relação com a opinião dos outros e sentir meu próprio valor. Tudo isso a partir de pequenos passos adotados no dia a dia.

*Sabe de onde vem essa preocupação toda com o que os outros pensam? Vem do medo de admitir para si e para os outros que somos imperfeitos. Um ser humano consciente de estar em um processo de evolução, buscando o autoconhecimento, não se abala tanto com as próprias imperfeições e nem com as dos outros. Quem tem medo da crítica verdadeiramente não tem o hábito de fazer uma auto-observação e aceitar seu valor. Vive no autoengano, buscando culpados. Julga a si e ao outro em vez de assumir a responsabilidade com sua verdade.*

Convido você a começar a prestar atenção em suas atitudes. *Já reparou que, à medida que critica a si*

*Já reparou que, à medida que critica a si mesmo, também* **critica** *o outro? É natural que isso ocorra, pois você só pode dar aquilo que* **já existe** *dentro de seu coração.*

*mesmo, também critica o outro? É natural que isso ocorra, pois você só pode dar aquilo que já existe dentro de seu coração.* Por isso, não devemos nos assustar com o outro, mas, sim, com nós mesmos. Não tenha medo da opinião alheia – e sim da sua.

O processo de autoaceitação precisa ocorrer dentro de você. Enquanto você não se aceitar, não conseguirá ver valor em si mesmo, não acreditará em sua capacidade e pode alimentar um complexo de inferioridade. Você se trata como um dinheiro amassado, guardado de qualquer jeito na carteira. A boa notícia é que, mesmo sendo malcuidado, ele não perdeu o seu valor. Portanto, mesmo que você se sinta amassado, pisado, seu valor não será diminuído. E quanto antes você souber disso, melhor. *Muitas pessoas se permitem ser pisoteadas, sentem como se não tivessem importância. Elas precisam perceber que o termômetro de sua vida não é o outro. Quando você descobre que seu valor é dado por você mesmo, a sua percepção muda.* E você descobre como é importante ser autêntico.

**A segurança desejada deve estar dentro de você – e não em coisas ou pessoas. Não é preciso a avaliação do outro, nem ter títulos e mais títulos para se sentir feliz. Isso porque a única aprovação real é a que ocorre dentro da gente. As demais não passam de ilusão.**

**O foco na opinião alheia deixa o ser humano distante de quem ele é verdadeiramente.** Vou além. Penso que buscar aprovação é um verdadeiro pedido de infelicidade eterna. **O que o outro aprova é o que ele vê em você a partir do que conhece. Não significa que esteja certo, é apenas uma opinião, nada mais.** Simples assim.

O caminho para se libertar da preocupação com a opinião alheia passa pelo autoconhecimento. **Ter consciência de quem você é de fato tira o fardo e a necessidade de querer impressionar. A partir do momento em que você se aceita, sabe do seu valor (e também reconhece seus defeitos), não tem mais nada a provar.** Então você pode relaxar e ser quem é plenamente.

O que o outro **aprova** é o que ele vê em você a partir do que conhece. Não significa que esteja certo, é apenas uma opinião, **nada mais.**

Assim que der um voto de confiança a si mesmo – aprendendo a aprovar cada célula do seu corpo e aceitar cada defeito de sua alma –, você vai ser capaz de ouvir o que o outro pensa sem adotar uma atitude defensiva, nem sofrer. Até porque: o que for verdade, você já saberá; o que não for, você terá sabedoria para descartar.

Você vai descobrir que as pessoas não precisam concordar com o que você pensa para que você se sinta amado e aceito. Uma beleza que vejo em Jesus é que ele não tinha a necessidade de reconhecimento. Por mais que as pessoas o criticassem, ele não parava de dizer e fazer o que era parte da sua missão. Tudo porque ele sabia a verdade sobre si, quem era e para o que tinha vindo.

A cada novo desafio ou missão que escolhemos para nossa vida é preciso renovar a fé em si mesmo e superar as inseguranças que possam surgir. Enquanto eu escrevia este livro, entrei num mergulho profundo sobre minha missão e percebi que ela ia além do meu trabalho do dia a dia. Entendi que meu processo de desenvolvimento pessoal e os resultados práticos que venho tendo também poderiam e deveriam ser compartilhados com mais pessoas. Foi depois de entender o valor da minha experiência e dos conhecimentos que absorvi que me senti determinada a transmitir meu conhecimento e escrever livros para apoiar o desenvolvimento pessoal de mais gente. Foi a partir do momento em que passei a confiar na minha verdade interna, que passei a dar valor ao que considero hoje uma missão de vida.

Não foi fácil, mas aprendi que não há como ser aceito por todas as pessoas. Mas por uma eu PRE--CI-SO ser: eu mesma. Quando entendi e internalizei isso, comecei uma jornada para romper com as crenças que me impediam de reconhecer minha existência plenamente, fazendo o melhor de mim em todos os aspectos. Hoje, se eu tiver que falar em público para milhares de pessoas, vou ter aquele friozinho na barriga, claro. Mas já não sinto tanto receio de passar minha mensagem, porque sei bem do meu propósito. Comecei a perceber que o mais importante é o que existe no meu coração, fazendo o que precisa ser feito.

Dei-me conta de que não quero ser como os fariseus, que buscavam adoradores. Eles obedeciam às leis e seguiam os regulamentos, mas julgavam os outros, não tinham um coração bom. Percebi que, se, na verdade, eu não seguisse o meu coração por medo do que os outros iriam pensar, eu estaria buscando adoradores, assim como os fariseus, e não seria capaz de sentir o meu próprio bem-estar, nem de me entregar verdadeiramente ao outro. Vivendo assim, eu estaria cada vez mais longe do propósito que Deus colocou em minha vida.

**E é incrível como aquilo que a gente teme tende a acontecer! Já reparou? Quando você sente medo de ser rejeitado, geralmente, seu comportamento faz com que as pessoas o rejeitem. Você cria aquilo que acredita.** E quando passa a pensar e sentir de forma diferente, a consequência é se comportar de modo diferente. Então a vida muda.

É preciso ser como as crianças, simples e verdadeiras. O mais importante é que você esteja livre para ser você mesmo. **Seja o que for que pensem a seu respeito, os julgamentos não são sobre você. O julgamento de uma pessoa diz muito mais sobre ela mesma. O problema é dela. Quando o outro é julgador, sempre vai encontrar uma maneira de julgar. Mesmo se pudéssemos ser perfeitos, haveria pessoas que iriam nos criticar, porque elas não estariam satisfeitas consigo mesmas e iriam arrumar um motivo para transferir para os outros sua insatisfação. Portanto evitar o julgamento é impossível. Mas não deixar que ele nos abale é totalmente possível e real.**

Neste livro, não tenho pretensão de trazer verdades absolutas, mas, sim, compartilhar possibilidades, outras maneiras de olhar para essa questão. Se fizer sentido para você, guarde; se não, descarte.

Quero apoiar você a fazer um processo de autoconhecimento para se aceitar, se valorizar e entender por que você anda se importando e se preocupando tanto com o que os outros dizem e, inconscientemente, se acomodando nesse padrão de pensar.

O "benefício" oculto em se preocupar com a opinião do outro é continuar na zona de conforto, não precisando colocar energia extra falando ou fazendo algo, por ter o ganho de não ser julgado. Na verdade, escrevo entre aspas porque o "benefício" não é tão benéfico quanto parece. Afinal, *é apenas quando você investe energia para se aprimorar – sentindo e vivendo a sua verdade – que entra em contato com suas imperfeições para se fortalecer. Aí sim vem o benefício real, que é entregar para as pessoas aquilo que você é, mas também – e principalmente – aquilo que você não é. O medo daquilo que os outros pensam ou falam torna-se pequeno diante dessa grande verdade. Isso faz com que seu coração se sinta livre e você, muito mais inteiro.* Pronto para começar essa jornada libertadora?

**Andreza Carício**

# 1

# VOCÊ VERSUS OS OUTROS. QUEM ESTÁ NO CONTROLE DA SUA VIDA?

*"O homem tem duas faces: não pode amar ninguém, se não amar a si próprio."*
*Albert Camus*

**J**á parou para pensar que grande parte da sua energia vital é gasta com problemas que não são seus? Quem foi para a festa, quem ficou chateado, quem teve aumento de salário, quem bombou nas redes sociais, quem teve azar, quem teve sorte? Nada disso é da minha ou da sua conta, mas parece irresistível colocar foco no outro. Viver querendo ser aceito, curtido, aplaudido, seguido e aprovado pelas pessoas é como andar com uma fita métrica de comparação nas mãos. E isto é um perigo!

**No contexto em que a sua imagem, seu desempenho e suas atitudes precisam ser comparados com as de alguém, é quase impossível conquistar a autoestima.** Falo de uma autoestima genuína, de um amor-próprio, que independe do contexto ou de seguir regras. O que acontece, na prática, é uma perda de identidade por tentar se adequar ao que parece aceito pela sociedade.

Alguns problemas surgem quando você define sua vida pela opinião dos outros. Irei falar sobre alguns deles. É importante que você se abra para observar:

## PERDA DE ENERGIA

Nos dias de hoje, é muito fácil inundar a vida com a avaliação alheia, como se ela valesse muito mais do que a visão que você tem de si mesmo. Basta postar uma foto em uma rede social para ver o que acontece em questão de segundos. Se a foto é bastante curtida e comentada, seu coração fica feliz e você tem a certeza de que é bacana mesmo. Se for pouco curtida... Mesmo que você tenha postado algo que até então achava incrível, vai passar a se questionar e ficar triste. Nesse contexto, a autoaprovação só vem desde que seja aprovada previamente pelos outros.

Só depois de validar o comportamento com aquilo que os outros disseram é que você se permite gostar de si mesmo. Maluco isso, não? Se você parar para prestar atenção às suas pequenas atitudes durante o dia, desde o momento em que acorda até a hora que vai dormir, consegue contar quantas vezes fez algo buscando aprovação dos outros?

Os livros de autoajuda gostam muito de falar que as pessoas se preocupam com a opinião dos outros pela falta de confiança em si mesmas. Mas o problema é mais profundo. Elas têm medo da rejeição. A dor de ser rejeitada faz com que a gente aja com medo em vez de agir com confiança.

**O medo da rejeição é pior do que a rejeição em si, porque a rejeição é real e sobre aquilo que verdadeiramente aconteceu. É fácil combater algo concreto. Difícil é agir diante de uma ilusão, do medo de algo que talvez nunca venha a acontecer. Ele só acontece porque baseamos nossa identidade na opinião do outro e não no relacionamento com nós mesmos. Mas isso não é sus-**

**tentável. Quando você vive para agradar o outro, vai perdendo sua energia. Não existe dor maior do que tentar o tempo inteiro ser outra pessoa para agradar alguém.**

Quantas vezes na minha vida eu queria muito me aproximar de uma pessoa, mas, por medo de ser rejeitada por ela, evitava quem eu mais queria do meu lado. O medo de não ser amada e aceita era tão grande que eu me isolava. Viver nesse tipo de situação causa ansiedade e preocupação.

O medo se instala no pensamento e tem uma energia tão grande que pode até fazer com que você adoeça em razão daquilo que estava pensando. Pode desenvolver um quadro de ansiedade, por exemplo. O corpo e a mente são um único sistema. Por isso, é importante perceber qual parte do corpo dói quando você se preocupa com algo, em qual parte você sente esse sofrimento, porque somos corpo e mente. Se você sente isso, pode ter certeza de que tem uma parte do corpo que se manifesta e pede sua atenção.

O medo da rejeição **é pior** do que a rejeição em si, porque a rejeição **é real** e sobre aquilo que **verdadeiramente aconteceu.** É fácil combater algo concreto. Difícil é agir diante de uma ilusão, do medo de algo que talvez **nunca venha a acontecer.**

Neste momento, silencie sua mente, respire profundamente e observe o que tem movimentado o seu mal-estar. Pare um pouco a leitura e feche os olhos por dez segundos. Sinta, calmamente, em qual parte do corpo o incômodo se manifesta. Enquanto não souber o que move os seus pensamentos e sentimentos, você irá fazer sempre as mesmas coisas e seguir os mesmos padrões: permanecerá sem mudanças.

## DISTANCIAMENTO DE QUEM VOCÊ É

Se você entende, por exemplo, que o seu valor decorre de quantas curtidas você tem no Facebook, Instagram, YouTube, TikTok ou qualquer outra rede social, está fadado a perder sua identidade. Isso porque sua satisfação pessoal estará sempre vinculada a algo que não depende de você, que não está sob seu controle e que pode mudar a qualquer momento. Existem pessoas que nem aceitam novos desafios porque estão muito preocupadas com a imagem que vão passar. Têm medo de errar e serem criticadas, medo de não serem aceitas. Quem vive nesse contexto certamente não tem

**uma opinião formada sobre si mesmo e precisa da opinião dos outros para decidir a própria vida. Será que você se tornou tão preocupado com isso que acabou dependente do que o outro vai dizer? Ao fazer isso, você cria uma autoimagem distorcida, porque não é baseada na verdade, mas, sim, na percepção do outro.**

Quer um exemplo? Às vezes, você busca um determinado cargo ou uma determinada posição, quando no fundo está buscando seu próprio reconhecimento. Então, acaba escolhendo aquilo que acredita que os outros vão achar interessante. Pode ser a profissão da moda para impressionar os amigos ou aquela que os pais sempre sonharam para você... Sem perceber, vai definindo a vida com base no que os outros vão pensar. Um dia a conta chega – e é alta. É aquele dia em que você começa a questionar suas escolhas, que sente a exaustão de tentar agradar tanto os outros enquanto você fica de lado.

Nesse momento, você descobre que não precisa de uma posição que faça os olhos das pessoas brilharem e sim de uma que dê brilho para os seus. Para isso, tem que se livrar da muleta que é focar apenas no que a torcida está pedindo. A não ser que você aceite a si mesmo, nenhuma aceitação vinda do outro vai te deixar seguro e satisfeito. Primeiro você precisa perceber o seu valor para, só depois, estar pronto para se abrir para a vida e as pessoas.

Buscamos incessantemente aprovação a cada passo dado, quando, na verdade, não precisamos buscar fora aquilo que só conseguiremos dentro de nós, gratuitamente. Durante muito tempo, sustentei uma imagem negativa de mim mesma, até que resolvi assumir minhas fraquezas e minha condição de humana – não de super-heroína. Foi então que o milagre começou a acontecer na minha vida. **Descobri que meu valor não poderia ficar vinculado à minha posição, nem às curtidas, nem à quantidade de fãs ou à conta bancária e sim ao que eu verdadeiramente sou. E como sou? Cheia de defeitos, completa de coisas a serem construídas, precisando muitas vezes recomeçar e dizer "não sei".** Se lá na frente não estiver mais fazendo o que faço hoje, quero me sentir igualmente valorizada pela minha essência. Enquanto eu não sentir o meu valor, o porquê de cada papel que assumo no meu dia a dia, irei buscar preencher esse vazio pela aprovação do outro.

A coisa mais importante que Deus nos deu foi o livre-arbítrio, ou seja, o poder decidir sobre as coisas da própria vida. Agir baseado no que o outro vai pensar ou falar é abdicar dessa liberdade. Dessa forma, o ser humano vai se adaptando a ser o que acha que os outros gostariam.

Não exercer o poder de escolha demonstra uma deficiência emocional. Não somos mais uma criança que precisa ter o consentimento de seu pai, sua mãe ou sua professora para fazer – ou deixar de fazer – algo.

Você precisa lembrar que o preço que paga por não se permitir ser você mesmo é alto demais. Então, quero que, neste momento, sinta no corpo o que mais pesa em você quando se preocupa com a opinião de alguém. Deixe vir sentimentos e emoções.

Sabendo que o medo de ser julgada paralisa, qual o objetivo em ficar parada? Hoje, quem seria a pessoa que você mais gostaria que te visse? Qual o pequeno passo que pode ser dado para sentir o seu lugar? Sinta. Não responda com a mente — e sim com o coração. Respire profundamente e deixe vir imagens, sons e sentimentos.

_____
_____
_____
_____
_____
_____

Faço essas perguntas para que você se conecte com informações que estão dentro de você. ***Só é possível se abrir e se reposicionar perante a vida quando conseguimos observar aquilo que não vemos.***

## ALIMENTAR O ORGULHO

Talvez eu não pegue muito leve agora. Mas acho importante falar disso. Quando você se

Só é possível se **abrir** e se **reposicionar** perante a vida quando conseguimos **observar** aquilo que não vemos.

preocupa demais com o que os outros pensam, está alimentando o seu orgulho. Imagine viver na incerteza de poder ser alvo de críticas e pensamentos maldosos! Muita gente deixa de arriscar para não correr o risco de ser motivo de crítica e ter o ego abalado.

Esse ciclo incessante de medo do julgamento das pessoas começa dentro de cada um de nós, já que o primeiro julgador sou eu. A partir do momento em que cogito a hipótese de ser julgada por determinada situação, já visualizei a cena na minha cabeça e começo a acreditar que ela é possível. A partir do instante em que suponho que alguém pode pensar ou falar algo a meu respeito, o primeiro pensamento partiu de mim.

*Veja: a partir dessa ideia, sou o meu maior inimigo. Isso é algo muito importante a ser percebido. O poder dos outros na minha vida só existe porque eu me julguei primeiro. A escolha é exclusivamente minha.*

Veja: a partir dessa ideia, sou o meu maior inimigo. Isso é algo muito importante a ser percebido. O poder dos outros na minha vida só existe **porque eu me julguei primeiro.** A escolha é **exclusivamente minha.**

É preciso parar e refletir que nem eu nem você somos o centro do universo. É muito egocentrismo ficar pensando que as pessoas irão parar o que estão fazendo para ficar pensando em nós. Mas é isso que passa, inconscientemente (e conscientemente), pela nossa cabeça muitas vezes. Quantas vezes alguém não respondeu a uma mensagem na hora em que você queria e, no mesmo instante, já começaram a passar na mente pensamentos de que a pessoa está com sérios problemas em relação a você? E quando você cumprimenta com amor alguém de quem gosta muito e não recebe a resposta na mesma intensidade? Logo pensa que aquela pessoa ficou chateada com algo que você fez ou falou. Perceba que o julgamento e a desconfiança começaram primeiro em você. E é assim que costuma ocorrer quando temos muito receio da opinião dos outros. Pessoas controladoras se ausentam do sentir, permanecem em si e não se abrem para o outro. Se você tem esse receio, passe a perceber como anda o seu olhar para o outro, a sua humildade e o seu orgulho.

Respire profundamente, sinta a sua respiração, e a cada pergunta feche os olhos: o que me faz querer mandar em tudo? Quando estou no comando, com o que não me conecto? Uma pequena ação que trará grande clareza é parar cinco vezes ao dia e perceber se, naquele momento, você está no controle ou servindo. Então é o momento de observar como o seu coração se sente em relação a cada um desses papéis.

_____
_____
_____
_____
_____
_____
_____
_____

Talvez você me diga que não é orgulho, mas, sim, o medo de incomodar. Mesmo assim, você está buscando exercer o controle sobre o sentimento de outra pessoa. **Perceba qual necessidade sua é satisfeita quando você está no comando.** É muito perigoso achar que o bem-estar de alguém

Perceba qual **necessidade** sua é satisfeita quando você está no **comando**.

depende de você. Não dá para se sentir culpado pela infelicidade de alguém. Quantas vezes você não quis dizer um não ou fazer determinada coisa e não agiu porque pensou: "Se eu fizer isso, fulano vai ficar triste". Você não é culpado pela infelicidade de ninguém! Cada um escolhe o que deseja sentir. Isso não é problema seu, nem responsabilidade sua. A excessiva necessidade de ser amado leva à inércia e à falta de realização dos sonhos. Você precisa se libertar disso. E eu vou ajudar você.

# 2

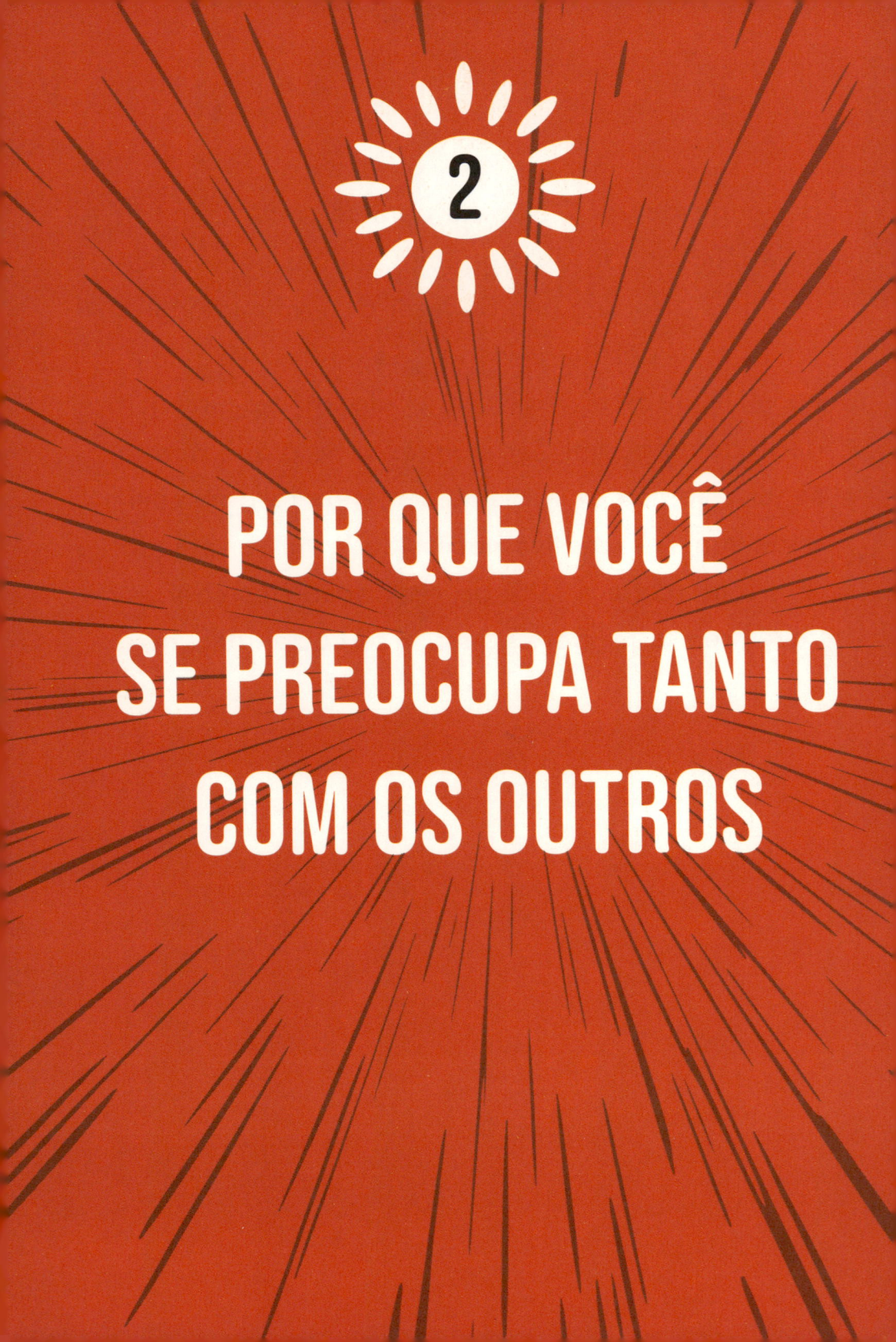

# POR QUE VOCÊ SE PREOCUPA TANTO COM OS OUTROS

> *"Se você julga as pessoas, não tem tempo de amá-las."*
> *Madre Teresa*

**O** melhor caminho para obter respostas sobre a nossa realidade não é olhar para fora, mas, sim, para dentro. Se você acredita que o mundo é perigoso, maldoso, ameaçador antes mesmo de algo o atingir; você vai viver se protegendo, com medo de se expor, fazendo tudo para que nada de mal lhe aconteça. E agindo assim, você cria a realidade da qual tanto deseja se afastar.

A grande questão é que muitas dessas crenças são ilusões geradas por um padrão de pensamento repetitivo ligado à preocupação com a opinião dos outros. Geralmente, quem age assim guarda dentro de si uma insegurança que é expressa por alguns tipos de comportamentos. Podemos ver pessoas perfeccionistas que não suportam a ideia de errar. Podemos observar também pessoas prestativas, mas que estão voltadas para si, para os olhares de aprovação que vão receber ao ajudar e não tanto para a contribuição de fato. Em ambos os casos, vemos pessoas que não estão verdadeiramente preocupadas com a mensagem e sim com o que dirão do mensageiro – ou seja, sobre elas mesmas. Será que é o seu caso? Para ajudar você a se observar, faremos aqui uma autoavaliação de algumas afirmações ditas e pensadas no momento em que você se preocupa com a opinião alheia. Veja se você costuma acreditar que:

### 1 - "AS PESSOAS QUEREM ME PREJUDICAR, TÊM INVEJA DE MIM E VÃO FALAR MAL DE MIM."

Se você costuma usar essa frase como justificativa para não se expor, fica nítido que vê o outro como seu inimigo, como alguém que não quer o seu bem. Sente-se perseguido, tem medo de ser invejado ou criticado.

***Posso te contar uma coisa? Fazendo ou não fazendo, se expondo ou não, você nunca vai agradar todo mundo.*** É uma ilusão achar que um sentimento como a inveja, por exemplo, não vai existir se você não "incomodar" as pessoas com seu sucesso. Tem gente que alimenta essa crença tão fortemente que acaba sabotando os próprios planos de ganhar mais dinheiro, se embelezar, ter a vida que sempre quis... tudo para se proteger da inveja alheia. Não se dá conta de que existe invejoso para todos os gostos, que nem é preciso ver o que você tem para sentir inveja.

Não quer que falem mal de você? Existe uma triste realidade: ***por mais que você faça tudo para agradar, sempre existem pessoas viciadas em criticar.*** Sabe quando você vai a uma festa em que tudo estava perfeito? A maioria dos convidados faz mil elogios, mas sempre tem aquela pessoa que vai procurar um defeito, que vai ter um comentário maldoso na manga. Percebe que não dá para controlar os sentimentos da humanidade?

*Posso te contar uma coisa? Fazendo ou não fazendo, se expondo ou não, você* **nunca vai agradar todo mundo.**

No meu caso, meu maior receio sempre foi o de ser prejudicada pela pessoa que falava mal de mim. Tinha medo de as pessoas que escutassem a crítica acreditassem e se afastassem. Não queria ter a minha autoimagem abalada, perder algo que tinha conquistado ou não conseguir alguma coisa em razão da má-fé de alguém. Hoje, descobri que, se uma pessoa tomar a decisão de cortar seu relacionamento comigo baseada simplesmente naquilo que outra pessoa falou, com certeza ela não merece minha amizade, muito menos meu amor. Afinal, ela não está interessada naquilo que sou. Prefere acreditar no que o outro diz a meu respeito. Não baseia as suas decisões nos fatos e sim nas suposições. Cada um enxerga em você o que ele mesmo quer ver. Portanto, deixe de se sentir responsável pelos sentimentos alheios.

## 2 - "AS PESSOAS VÃO DESCOBRIR QUE SOU UMA FARSA, VÃO RIR DE MIM."

Lembro que, quando eu era adolescente, tinha um trauma em relação à minha aparência. Eu queria ter cabelo liso, mas, na minha época, não existia escova progressiva. O hábito era usar touca para dormir. Fiz isso durante toda minha adolescência. E morria de vergonha de que alguém descobrisse que meu cabelo era uma farsa! Naquela época, eu era muito insegura – e isso se seguiu até a vida adulta. Muitas vezes, me sentia uma farsa e ficava angustiada com isso, pois dava muito trabalho esconder que os meus cabelos não eram lisos. Muitos anos depois, pude perceber que a minha beleza não estava no meu cabelo e sim naquilo que eu era. Quando essa ficha caiu, eu passei a ser sincera e não me preocupar mais em esconder. Naturalmente, aquilo deixou de me incomodar.

Você também gasta muita energia tentando esconder algo sobre si mesmo que considera motivo de vergonha? Tem pessoas que vivem isso no ambiente profissional. Querem muito uma promoção, mas só de se imaginarem naquele cargo já sofrem com medo das críticas, de que as pessoas questionem sua capacidade. **Esse medo de parecer uma farsa esconde uma autocobrança muito elevada** *e um ideal de perfeição impossível de ser alcançado. Pessoas que pensam assim acreditam que precisam atingir um grau muito alto de desempenho para serem merecedoras de algo, como admiração e respeito.* Mas, na prática, as pessoas estão sempre melhorando e se aprimorando. Quem assume suas imperfeições tira um peso das costas, ficando mais leve para ser quem realmente é.

## 3 - "AS PESSOAS PRECISAM QUE EU AGRADE O TEMPO TODO PARA GOSTAREM DE MIM."

Uma amiga minha tem o que muitas pessoas consideram uma vida bem-sucedida. Ela é bonita, rica, tem um casamento com um homem bom e filhos lindos. Certa vez, em uma viagem com nossas famílias, ela me pediu para não postar uma foto que tiramos juntas, porque não queria que ninguém soubesse que ela estava viajando e se divertindo. Fiquei curiosa para saber o motivo, porque é uma atitude poderosa viver o momento presente, em vez de se preocupar em tirar foto para postar na rede social. Comentei na hora que ela estava certa, que tínhamos que ficar totalmente presentes, porque aquele instante era único. Não seria preciso postar fotos. Então, ela me confidenciou que, na verdade, não era por esse motivo que não queria tirar foto, mas porque tinha receio do que os seus funcionários iriam falar. Não entendi ao certo o que ela queria dizer e perguntei: "O que eles podem falar?" E ela continuou: "Podem dizer que, enquanto trabalham, eu me divirto." Então eu perguntei: "Qual o problema em relação a isso?" Ela disse que se sentia culpada. Percebi, naquele momento, que ela não se considerava merecedora de tamanha felicidade. Estava carregando consigo a crença de que não era justo se divertir enquanto seus funcionários trabalhavam. Ela não conseguia perceber que, se divertindo, voltaria mais plena para liderar sua equipe. Também não conseguia considerar que cada um tem seus direitos e obrigações. Não há por que se sentir culpado por os estar exercendo. Dei o exemplo de mãe e filho. "Quando seu filho está fazendo tarefa de casa e você está lendo o jornal ou um livro na varanda, você se sente culpada?" Ela disse que não. Expliquei que se tratava da mesma situação. A obrigação de fazer os deveres de casa é do filho. Isso não torna seu filho melhor ou pior que você. Essa é apenas a obrigação dele. E não há que se sentir culpada porque ele está cumprindo a sua obrigação e você exercendo o seu direito, já que, no passado, fez seus deveres de casa e hoje tem outros a cumprir.

Minha amiga é um exemplo de pessoa que se preocupa demais em agradar os outros. Geralmente, pessoas como ela vivem pisando em ovos, atentas para evitar fazer tudo o que pode contrariar alguém. Será que você faz parte desse time? Vou ajudar você a identificar alguns comportamentos típicos de quem passa a vida com medo de desagradar:

- **Não saber dizer não.** *Pessoas com foco em agradar os outros assumem mais responsabilidades do que conseguem, se desdobram e se esgotam para evitar dizer não.* Dizem "sim" mesmo quando gostariam de dizer "não", porque morrem de medo de frustrar alguém com isso. Temem o que os outros irão dizer e não suportam se sentir em dívida ou serem julgados.

- **Não saber cobrar uma dívida.** Claro que essas pessoas emprestam dinheiro – afinal, não sabem dizer não. Mas caso não recebam de volta, sofrem sozinhas o arrependimento, porque não conseguem fazer uma cobrança. Por medo de serem indelicadas, insensíveis ou de passar a ideia de que consideram o outro mal pagador. Nessa situação, quem deveria estar constrangida seria a pessoa que pediu o dinheiro e não pagou!

- **Sempre se adequar ao padrão esperado pela sociedade.** É uma pessoa que tem facilidade para se adaptar e seguir à risca o que dizem que é o certo. Ou seja, o que diz a maioria, o politicamente correto. Mas nem toda regra deve ser cumprida à risca. Afinal, há grupos de críticos para tudo, sempre criando uma regra nova. Por exemplo: se uma pessoa gosta de se alimentar de um jeito saudável, sempre vai ter alguém dizendo que é exagero e que uma fritura de vez em quando faz bem. Há teorias e pesquisas para tudo! E há muita perda de energia e identidade com a tentativa de se adequar ao que dizem ser o certo, quando o certo mesmo é focar na sua própria opinião e naquilo que faz bem para você.

**_Se você se preocupar muito em não incomodar os outros, vai acabar não atendendo nunca aos seus próprios valores. Logo, se tornará infeliz e triste._** Afinal, vai trair a si mesmo para atender ao interesse dos outros.

Por exemplo: uma pessoa que se preocupa muito em agradar o chefe tende a cumprir 100% das regras da empresa e acaba prejudicando seu lado proativo. Se tiver uma ideia, vai ficar quieta para não correr o risco de desagradar ou de parecer inadequada por ter sugerido

Se você **se preocupar muito** em não incomodar os outros, vai acabar **não atendendo nunca** aos seus próprios valores. Logo, se tornará **infeliz e triste.**

algo que pode não ser aceito. Uma pessoa com medo de desagradar acaba sendo pessimista, pois sempre pensa no pior que pode acontecer. Não imagina, por exemplo, que sua ideia poderá ser aceita ou que, no mínimo, sua atitude de participar de forma ativa vai contar pontos a seu favor. Toda vez que ela bloqueia esse impulso de participar mais, prejudica a própria carreira. Ainda falando do contexto corporativo, existe também a pessoa que quer agradar os colegas e segue à risca o que eles dizem. Se falam mal do chefe, vai falar também, mesmo que lá no fundo não concorde. Muitas vezes, essa pessoa tem medo de ser a certinha do grupo e ser deixada para escanteio, com fama de bajuladora da chefia. Talvez você me pergunte: "Andreza, qual a melhor postura?" Sobretudo, estar do lado da sua verdade. Para ser feliz é preciso coragem, mas, acima de tudo, autenticidade e veracidade. Entenda o que se passa dentro de você e se livre da culpa, mesmo que em algum momento você chegue a errar. A culpa nunca é o melhor caminho. O mais desejável é se responsabilizar por aquilo que não deu certo e aprender com o erro. **Livre-se do fardo de ser infalível e curta a espontaneidade de ser quem você é em toda a sua complexidade de erros e acertos. Quem se identificar com você vai estar ao seu lado sem exigir que você atue com perfeição.**

Livre-se do fardo **de ser infalível** e curta a espontaneidade de ser quem você é em **toda a sua complexidade** de erros e acertos. Quem se identificar com você vai estar ao seu lado **sem exigir** que você atue com perfeição.

# 3

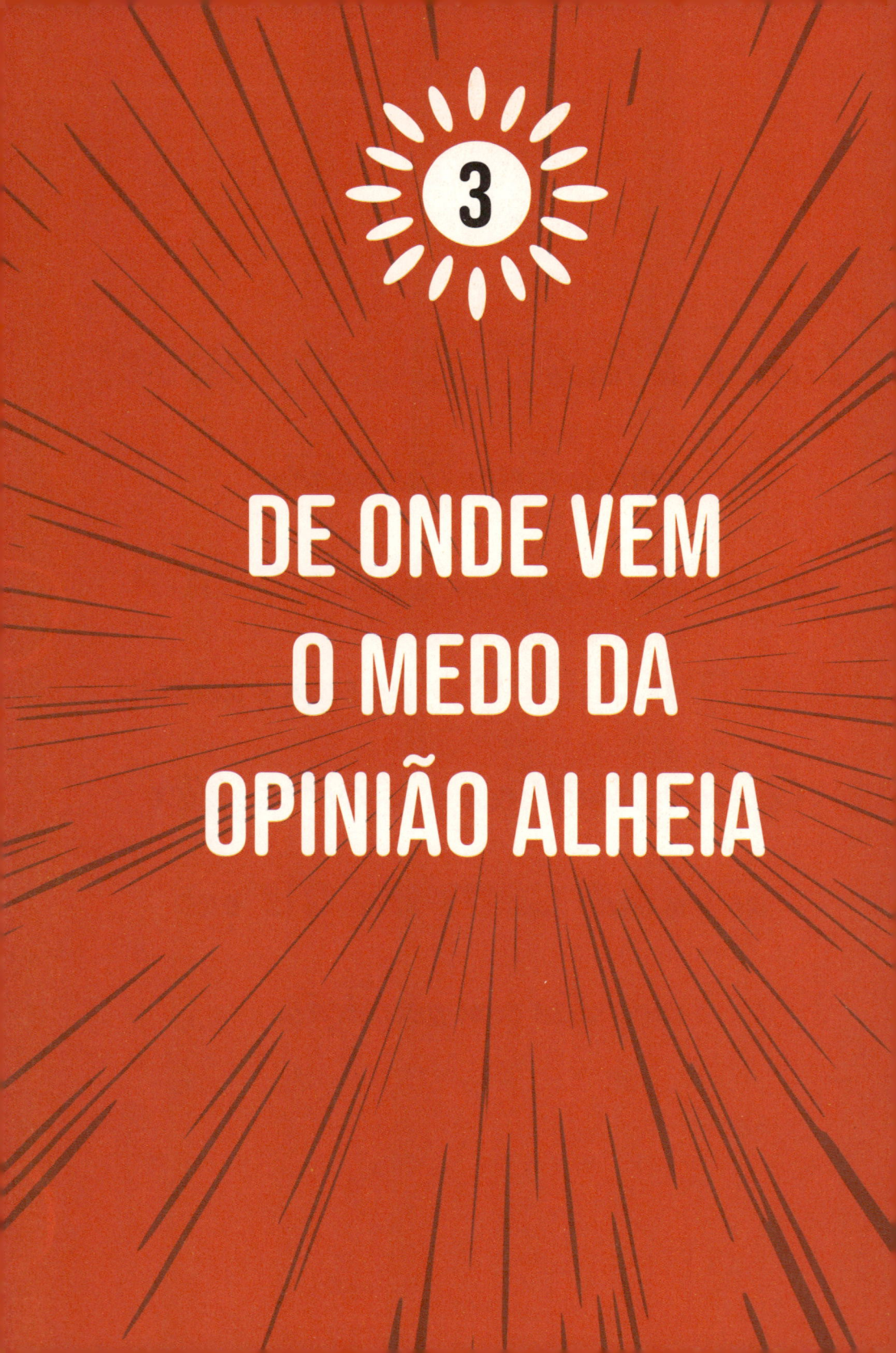

# DE ONDE VEM O MEDO DA OPINIÃO ALHEIA

> *"Para as pessoas que disserem para você ser menos, não diga nada e vá embora. Há anjos em seu coração que lhe dirão para ser maior, dizer o que quer e viver sua verdade."*
> *Marianne Williamson*

**P**or que existem pessoas que se preocupam tanto com o que os outros falam e outras que não estão nem aí? O que acontece é que alguns de nós têm medo de encarar as próprias limitações. É certo que eu, você, todos nós temos imperfeições, pois elas são próprias do ser humano. É certo também que todos temos medo em algum grau. Mas existem aquelas pessoas que conseguem administrar esse medo, seja ele de errar, de falhar ou de decepcionar. Outras pessoas não conseguem. Se você acredita que faz parte do segundo grupo, talvez você esteja se perguntando: "Afinal, o que se passa dentro de mim para me preocupar tanto assim?"

O receio da opinião alheia pode ter se originado de várias maneiras. Na maioria das vezes, ele se iniciou na infância, quando sua personalidade começou a se formar. As crenças, sejam elas positivas ou negativas, se originam nessa fase e depois vão sendo reforçadas ao longo dos anos em razão de acontecimentos que ocorrem na adolescência e na fase adulta.

É provável que pessoas que convivem com a preocupação em relação à opinião dos outros tenham crescido em lares nos quais seus sentimentos e atitudes não eram valorizados, nem considerados importantes. Pode ter acontecido o oposto também. Nesse caso, a pessoa foi hipervalorizada quando realizava a vontade alheia, de tal maneira que passou a entender que, para ser amada, precisava sempre fazer a vontade das pessoas. Desenvolveu, então, sua personalidade acreditando que, para ser aceita, não deve magoar, nem decepcionar o outro. A partir daí, construiu uma série de certos e errados. Deixou de ser autêntica por imaginar que determinados comportamentos seus seriam passíveis de julgamento e rejeição. Aos poucos, preferiu se aprisionar no seu mundo sem conflito do que ter que pagar um alto preço que é o risco da rejeição.

> Pare a leitura por um momento e tente se lembrar do que você aprendeu quando criança sobre ser amado. Quais atitudes você desenvolveu como padrão na sua vida para se sentir aceito e valorizado?
> _____
> _____
> _____
> _____
> _____

Você se lembra de alguma situação em que buscou os aplausos dos seus pais tendo uma determinada atitude, mas mesmo assim eles o desaprovaram e você se sentiu inadequado? Ou até mesmo aquele momento em que você errou e eles disseram: "Você sempre faz isso, repete os mesmos erros, você me irrita!" Ter vivido isso fez com que você se sentisse responsável por causar emoções negativas e incômodo nas pessoas que amava. Na verdade, essa crença sobre ser inadequado não era sua: foi aprendida. Quando a repressão feita pelos pais é realizada no momento da raiva e do nervosismo, não existindo o cuidado, nem a empatia, a criança pode criar pensamentos e sentimentos de inadequação. Com isso, ela acaba concluindo que precisa modificar suas atitudes para se adequar aos padrões desejados. É como se o olhar do outro determinasse o que você tem de fazer e ser. **Quando somos pequenos, definimos quem somos a partir de como nossos pais nos veem. A identificação com aquilo que mãe e pai falam sobre nós é natural nesse processo. O filho aprende a saber quem é pela forma como os pais o olham.** Além de o processo do filho se identificar com o padrão que existe na casa.

Quantos de nós vivemos essa realidade e até hoje não nos demos conta de como ela moldou a forma como agimos na sociedade? No meu caso, eram meus pais que se preocupavam muito mais que eu. Aprendi com eles a acreditar que as pessoas não desejavam o meu bem, tinham inveja de mim e queriam me prejudicar. Eu era muito nova quando recebi todas essas informações. Tinha por volta de sete anos de idade. Mas esse modelo mental acabou sendo reforçado ao longo dos anos. No colegial, lembro que meu pai me dizia para não namorar ninguém da minha escola para não ficar malfalada.

**Geralmente, quando esse mapa mental se instala, não temos condições de julgar se ele é verdadeiro ou falso. Afinal, aprendemos com as pessoas que mais amamos e que são a pura verdade para a gente. Como discordar ou questionar? Isso nem passa pela cabeça.** Na infância, não nos é dada a opção de divergir dos pais nem temos ainda discernimento ou condições de julgar. Imagine uma criança de sete anos, que escuta dos pais que é preciso ter cuidado com o que as pessoas falam. Ela vai acreditar sem questionar. Porém mais tarde vamos entender que nem tudo o que assimilamos é verdade e nos faz bem. Esse mecanismo do pensamento é baseado no medo e na insegurança. Hoje sei que essa crença não é minha e sim deles, mas durante muitos anos acreditei que fosse. Percebo que ficar me preocupando com o que os outros pensavam e falavam não passou de uma mera ilusão. Na minha cabeça, eles queriam me prejudicar. Eu acreditava que não seria aceita.

É importante que você tenha consciência de tudo isso: tanto para resolver seus medos e limitações como para evitar cometer os mesmos erros que seus pais. É natural seguir o mesmo padrão com os seus filhos e permitir que esse ciclo vá se perpetuando de gerações em gerações. O que aprendemos sobre nós mesmos e a forma que nos ensinaram a nos relacionarmos com o mundo durante a infância determina se, no futuro, nos identificaremos com o medo de não sermos aceitos ou com a força interna do autovalor. **É lógico que os nossos sentimentos,** *pensamentos e atitudes são influenciados pelo ambiente em que vivemos. Mas quando se trata de autovalor, somos estruturalmente influenciados pela família de origem, por aquilo que escutamos, o que nos contam e como vemos nossos pais se relacionando com o mundo. O que somos ensina mais do que aquilo que falamos. Portanto, se você tiver filhos, tenha a consciência de procurar ser Todo Santo Dia aquilo que deseja que seus filhos se tornem.*

O comportamento de se moldar para ser aceito é reforçado na adolescência, quando precisamos nos sentir pertencentes a um determinado grupo de amigos. Lembra do que você precisava fazer e ser para se sentir encaixado e não ser rejeitado? Sabemos que é impossível viver num ambiente ideal onde todos sempre nos aceitem como somos. É natural ser rejeitado e se sentir incomodado quando isso acontece. *É humano se empenhar para ser aceito e agradar. Afinal, somos seres sociais. Mas não podemos nos esquecer de que também faz parte da realidade sermos diferentes uns dos outros e termos o desafio diário de conviver em harmonia apesar das diferenças.*

*O que nunca ninguém nos disse é que ser rejeitado é algo que pode acontecer mesmo quando o problema está no outro. Praticamente toda vez que passamos por essa situação tendemos a concluir que o problema é exclusivamente nosso. É por isso que, à medida que o outro rejeita, você também se rejeita, porque passa a medir seu valor pelo outro.* Não se cogita pensar na possibilidade de o outro estar errado ou com expectativas exageradas. De tanto buscar essa aceitação – de pais, amigos, familiares, líderes, funcionários, chefe... – criamos um mecanismo de defesa no qual, antecipadamente, fantasiamos as possíveis reações dessas pessoas, e a chance de não ser aceito já tira de nós a possibilidade de ser quem somos. Aquela vontade de falar ou fazer algo autêntico acaba sendo inundada por um mar de ilusões negativas. Em segundos, você consegue visualizar pessoas rindo de você, trocando olhares irônicos, reclamando, criticando... Mas nada disso aconteceu de fato! Em 99% das vezes a raiz do nosso medo está em uma ilusão. Toda vez que isso acontece temos um sinal de que estamos condicionados a agir olhando para o nosso ego e não para o todo. Queremos nos proteger e manter a imagem de infalíveis. Para fechar esse ciclo e iniciar um novo capítulo na sua história, *é necessário abrir mão da ideia ilusória de que você sempre precisa do reconhecimento alheio para ser feliz.*

## A CILADA DA CRENÇA DA ESCASSEZ

Você acredita que, ao contar algo a seu respeito, pode perder alguma coisa, seja por causa da inveja alheia ou pelo julgamento? Se respondeu que sim, é sinal de que alimenta a crença da escassez. A regra dessa crença é a de que, para alguém ganhar, outro tem que perder. Em outras palavras, é como aceitar que não há amor, prosperidade e felicidade disponível para todo mundo. *Quem tem o sistema de crença da escassez sen-*

É necessário abrir mão da **ideia ilusória** de que você sempre precisa do **reconhecimento alheio** para ser feliz.

**te muito medo de perder o que já tem e procura o tempo todo por segurança, por não acreditar que o universo é abundante.**

Durante muito tempo, tive a crença da escassez. Enquanto estudava para passar em um concurso público, vivia em um universo competitivo e transferia a realidade de não haver vagas para todos os inscritos. Existia uma crença de escassez em todas as áreas da minha vida. Quando eu fui aprovada no concurso e comecei a ganhar muito bem, em vez de me sentir feliz e merecedora, eu sentia que o meu progresso tirava algo das pessoas. Ficava mal quando era remunerada de forma abundante ou estava feliz – aqui, aliás, também tinha forte em mim a crença de não merecimento.

O pensamento de escassez pode estar relacionado a qualquer coisa na nossa vida. Sabe quando uma pessoa diz que não arruma ninguém para namorar? Que ninguém presta nesse mundo?? Imagine: há mais de sete bilhões de pessoas no planeta... acreditar que ninguém presta é um pensamento grande de escassez! Certa vez, quando meu irmão terminou um relacionamento, ele me disse que não daria certo com ninguém que se aproximasse dele, que esse era seu destino. Naquela oportunidade, alertei-o de que as palavras tinham força e que o que ele estava dizendo a si mesmo determinaria o seu futuro, já que o subconsciente obedeceria àquele comando. Sugeri que, a partir de então, ele passasse a prestar atenção em todos os pensamentos que viesse a ter, pois aquilo que pensamos se torna nossa prisão.

Apesar de haver abundância no nosso planeta, se você não se abrir para a prosperidade não abrirá sua mente para uma realidade plena. **Cada um tem aquilo que tolera, merece e acredita. Tudo está disponível, mas cabe a você se permitir ter ou não.**

Se você acredita na escassez, passará essa informação para o seu subconsciente e ele vai aceitar. Você vai fechar as portas da abundância, o que parece lógico, já que colocará seu foco naquilo que falta. Quanto mais você olhar para o que não tem, mais isso vai ganhar força e mais irá faltar. É como

*Cada um tem aquilo que tolera, merece e acredita.* **Tudo** *está disponível, mas cabe a você se* **permitir** *ter ou não.*

um ciclo vicioso. Quando descobrimos que o universo é abundante e nos livramos da crença da escassez, um mundo de oportunidades se abre.

***A escassez cria repressão, inveja, raiva, ódio e ressentimento. Já a abundância traz amor, felicidade e gratidão. A crença na abundância é capaz de mudar sua vida e verdadeiramente transformar suas emoções e sentimentos.*** Os seus dias não serão mais os mesmos, pois não terá limite para a sua felicidade. Quando você está na escassez, até a felicidade é limitada e você acredita que os outros podem acabar com ela a qualquer momento. Quem coloca a limitação é apenas você. Isso também alimenta o sentimento de inveja. Se o outro tem, eu não terei! Por mais que você acumule bens materiais, sempre achará que é insuficiente e sentirá um enorme medo de perder o que tem.

Hoje percebo que o universo é abundante. Tem para todo mundo! Se eu ganhar, não significa que outro irá perder. Muito pelo contrário. Se eu crescer, posso fazer outros se desenvolverem

**A escassez** *cria repressão, inveja, raiva, ódio e ressentimento. Já a abundância traz amor, felicidade e gratidão.* **A crença na abundância** *é capaz de mudar sua vida e verdadeiramente transformar suas emoções e sentimentos.*

comigo, oferecendo mais empregos, mais amor e mais abundância. Assim também é com você. Quanto mais próspero você estiver, emocionalmente e financeiramente, mais poderá ajudar e oferecer abundância para as pessoas que o cercam. **Ninguém irá perder porque você ganhou. Muito pelo contrário, irão ganhar ainda mais.**

## O BEM E O MAL DENTRO DA GENTE

Para que você possa seguir na vida se sentindo livre para ser o que é, precisa acolher a dualidade que existe dentro de si. Existe o bem, mas também o mal. O dia e a noite. O calor e o frio. A gente sabe o que é felicidade porque existe a tristeza. Assim como experimentamos o medo a partir do sentimento de coragem. Se reconhecemos que existe estresse é porque em algum momento já fomos calmos. Mesmo sabendo da importância de reconhecer que a dualidade existe em cada um de nós, muitas vezes a negamos, principalmente porque não é cômodo enxergar o nosso lado mais sombrio.

Existem momentos em que nosso egoísmo e ego elevado nos impedem de mostrarmos a nossa verdadeira versão. Temos medo de, em vez de aplausos, receber vaias. Se você aceitar que é próprio da natureza humana conviver com erros e acertos, verá os desacertos como parte natural do processo de crescimento. Enxergaria que, sem eles, não conseguiria ser quem é hoje e não seria quem vai se tornar amanhã. Aceitar as próprias falhas é exercitar o perdão. É humanamente impossível aceitar somente o que temos de bom, porque isso é uma meia-verdade sobre quem somos. Se só houvesse coisas boas em você, não haveria mais sentido em estar neste planeta, pois a Terra existe para que possamos crescer e nos desenvolver cada dia mais.

Geralmente, não olhamos com honestidade para nosso lado sombrio porque reprimimos aquilo que nos incomoda e assusta. Evitamos nos expor para que ninguém aponte o dedo para aquilo que queremos esconder. Uma forma de se reprimir é justamente quando você não diz o que gostaria com medo da opinião alheia. Vai-se vivendo assim, usando de todas as ferramentas possíveis e imagináveis para evitar a dor de olhar para o seu lado sombrio. Com o passar do tempo, torna-se natural agir baseado em pensamentos sobre o que as pessoas pensam a seu respeito. Mas, na verdade, isso é simplesmente evitar olhar para aquela parte não tão boa de si mesmo que você precisa aceitar e modificar. **Quando você vive muito preocupado com o que os outros pensam, fica claro que a motivação está no seu ego, está na intenção de ser reconhecido e amado. É para aí que vai a sua energia e seu foco. Para se libertar dessa preocupação, o caminho é colocar o foco em outro propósito.** Não estou dizendo para você rejeitar totalmente o que o outro diz a seu respeito. Digo apenas que você não pode ser controlado por essa opinião. O motivo pelo qual você faz ou diz algo tem que ser o que importa – e não a consequência. **Não podemos controlar os acontecimentos, nem a mente humana, nem mesmo** *a fala. A única coisa que podemos controlar é o que vamos fazer com aquilo que falaram ou com aquilo que aconteceu.*

Enquanto escrevo, sei que este livro não trata em nenhum momento da Andreza, e sim de você, que o está lendo. *Quando alguém compõe uma música, não se trata do compositor, e sim de quem vai escutar. Quando um quadro é desenhado, não se trata do pintor, e sim de quem recebe a obra de arte. Tudo é assim na nossa vida. Nem todos vão gostar de nós. Se vivermos a vida preocupados com isso, nunca iremos nos aventurar para realizar nossos sonhos.*

Sem notar, a gente cria um personagem que luta para ser mais do que é ou vive escondido para não chamar atenção. Tudo isso para viver em paz. Não percebemos que, enquanto não mostrarmos quem verdadeiramente somos, nunca teremos a tranquilidade, porque o fingimento e a mentira estão longe de ser paz.

*Quanto mais escondemos nosso lado escuro,*

*Não podemos **controlar** os acontecimentos, nem a mente humana, nem mesmo a fala. A **única** coisa que podemos controlar é o que vamos **fazer** com aquilo que falaram ou com aquilo que aconteceu.*

*mais ele cresce. Eu sei (e você sabe) que todos nós temos uma vida aberta e uma fechada. A aberta é aquela que desejamos mostrar para o mundo, é como desejamos que nos vejam. A fechada é a que você quer ocultar para não ser julgado. Toda vez que não se faz algo por medo do que vão falar, se está alimentando a sua vida secreta. Não há do que se envergonhar. Uns mais, outros menos, mas todos nós fazemos isso. Essa vergonha não resolvida faz com que nos tornemos omissos. Será que é realmente melhor deixar essa vida passar sem experimentar a verdade de ser quem de fato se é na essência? Será que se omitir para o mundo, por si só, já não é a maior desgraça?*

Você precisa perceber que é um ser humano – e, como tal, tem fracassos e sucessos. É necessário aceitar essa visão dualista. Se não conseguir aceitar isso, continuará fugindo de quem é, nunca dando a oportunidade de melhorar a si próprio e de se amar de verdade.

*Quando se tem uma grande necessidade de ser aceito pelo outro, há um indício de que falta*

**amor-próprio. Essa necessidade indica que você ainda não reconheceu as suas qualidades e os seus defeitos. Por isso, busca no outro a validação do que ainda não validou em si.** Procura-a porque ainda não vivenciou o processo de se amar em primeiro lugar, nem de se aceitar exatamente como é. Quando você verdadeiramente se amar, não haverá razões para se preocupar com o que o outro dirá ao seu respeito, porque ele nada sabe sobre você, não dorme ao seu lado, nem fica 24 horas com você: portanto, nada sabe. Apenas imagina saber, pelo pouco que vê, baseado no contexto que viveu e nas experiências que teve. Todo o processo acontece primeiro dentro de você. Só se vai conseguir apertar o botão do TÔ NEM AÍ ao se sentir que tem valor e que é digno de ser amado.

Quando se tem uma grande necessidade de ser aceito pelo outro, há um indício de que falta amor-próprio. Essa necessidade indica que você **ainda não reconheceu** as suas qualidades e os seus defeitos. Por isso, busca no outro a validação do que **ainda não validou em si.**

# 4

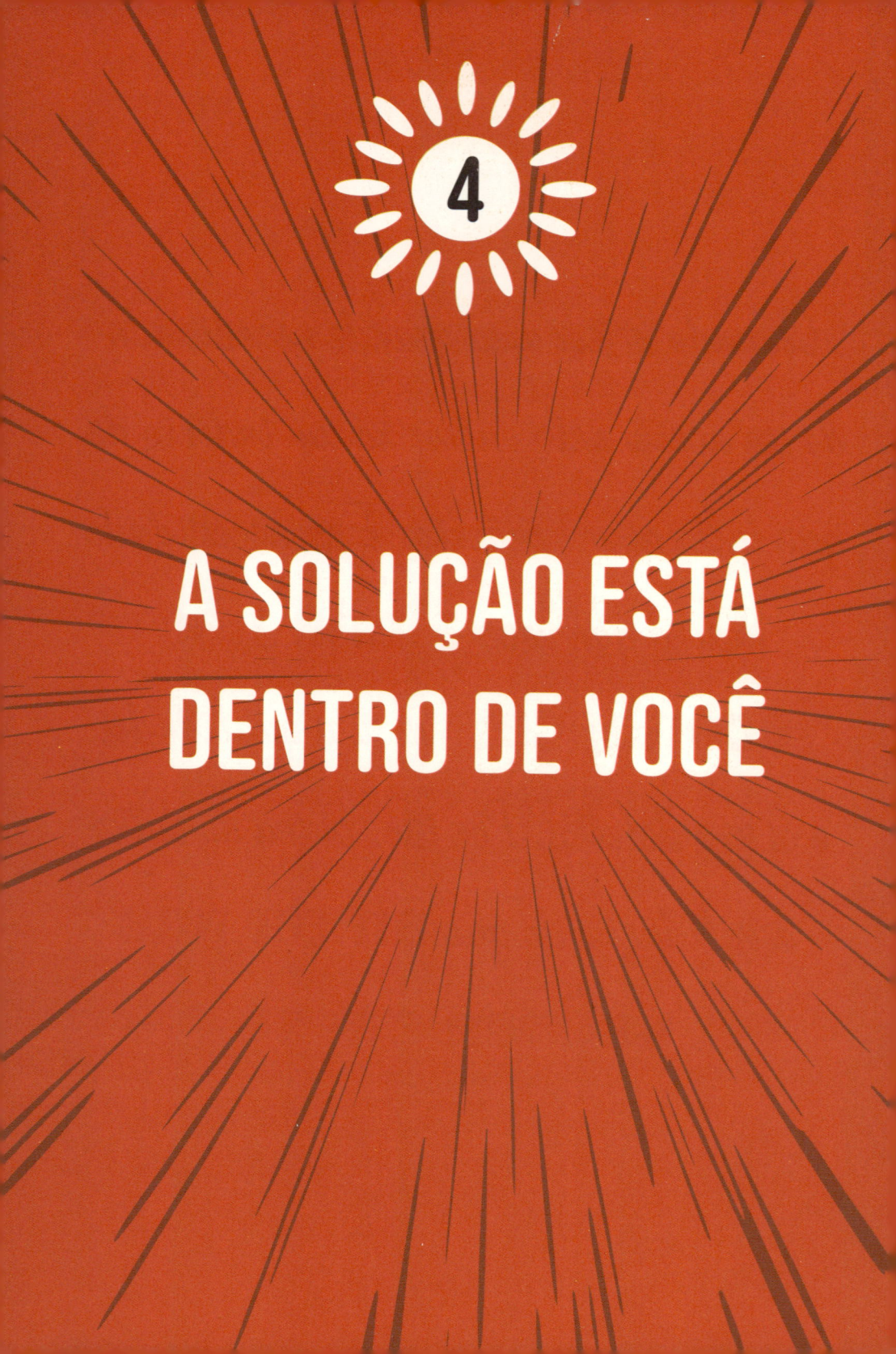

# A SOLUÇÃO ESTÁ DENTRO DE VOCÊ

> *"Não deixe que nenhuma alma no mundo diga que você não pode ser exatamente quem você é."*
> *Lady Gaga*

**É** impossível impedir os julgamentos do mundo, mas é totalmente possível mudar a forma como os encaramos. O medo da crítica alheia tem vários fatores. Um deles é perder a chance de saber realmente quem você é e conhecer o seu valor. Quantas vezes, em um único dia, você colocou o foco no que os outros diziam de você? E quantas valorizou o que pensa de si mesmo? Por não ter autoconhecimento, acaba se buscando sempre a validação ou opinião do outro. A partir do momento em que você tomar consciência de suas virtudes, mas também de suas limitações e fraquezas, esse medo começa a sumir, porque passa a não ter mais poder. A libertação vem quando você encara suas fraquezas e imperfeições e as aceita, respirando fundo e dizendo: "Tá tudo certo".

**Ao descobrir que está tudo bem em errar, você começará a ser feliz, pois será simplesmente quem nasceu para ser, sem as idealizações de perfeição que fazem o ser humano se sentir inadequado e impróprio.** Se você se conhece profundamente, consegue ter essa clareza e o julgamento passa a não doer mais. Se algo sobre você for verdade, você aceita. Se for mentira, você rejeita.

O controle que os outros exercem na sua vida vem da escuridão. É como se houvesse uma película de *insulfilm*: você vê um perfil, mas não se enxerga totalmente com todas as suas nuances. Assim que colocar luz para dentro de si, a verdade iluminará sua caminhada e aquele medo deixará de fazer sentido. E sabe por que tudo aquilo que está escondido exerce um grande poder sobre nós? Porque temos medo de ser pegos em flagrante, de alguém descobrir nossa imperfeição. Porém, quando você reconhece isso, a imperfeição deixa de ser um fantasma. E o medo desaparece.

O processo de autoconhecimento não acontece de uma hora para outra. Você precisa ter disposição e coragem para encarar a sua verdade com suas sombras e luzes. Sabe por que isso é tão importante? **_Porque você só consegue perceber no outro aquilo que há dentro de você. Se você vê crítica e julgamento nos olhos das pessoas, certamente a crítica e o julgamento estão dentro de você._** Pode até ser que não seja daquelas pessoas que ficam falando das outras por aí, mas seus pensamentos emitem inúmeras opiniões. Se não fosse assim, seria muito improvável que o seu filtro para o que pensam ou falam de você estivesse tão aberto. Quero convidá-lo a fazer o processo de autoconhecimento com o qual começará a acontecer a autocura.

## COMO É O SEU RELACIONAMENTO COM VOCÊ MESMO?

Imagine como é se relacionar com uma pessoa em quem você não confia, que não admira e de quem não gosta. Difícil, não é mesmo? Isso é a mesma coisa em relação a você mesmo! Precisa existir amor, compaixão e confiança. Essas são as bases para que você viva a vida plenamente.

Porque você **só consegue perceber** no outro aquilo que há dentro de você. Se você vê crítica e julgamento nos olhos das pessoas, certamente a crítica e o julgamento **estão dentro** de você.

A autoaceitação se dá quando você, mesmo sabendo de todos seus defeitos e limitações, continua sendo seu melhor amigo. É preciso olhar para si mesmo com compaixão, sem contar aquelas velhas histórias e desculpas. Admitir a sua realidade, de fato, como ela é, sem mentiras.

A autoaceitação não se confunde com a autoconfiança, que é igualmente importante. A autoconfiança faz você acreditar em si mesmo, não importa a situação. Saber que tem potencial. Já a autoaceitação é o valor que você dá àquilo que existe dentro de si – seja bom ou ruim. É saber que não se é feito somente de ouro; há também lama.

**Se desejamos verdadeiramente ser felizes, precisamos aceitar que somos falhos. Como é inerente aos seres humanos, iremos errar. Não é possível ser extraordinário sempre. A partir do momento em que busca ser especial, você se conecta com a ideia de insuficiência e falta.** Passa a ter medo da humilhação de ser alguém normal. Isso acaba criando o receio de nunca se sentir bom o bastante. **Usa o culto da beleza, da fama e da perfeição para medir sua significância.** A ideia de ser admirado é uma forma de aliviar a dor de que somos comuns. Pronto, falei! Podemos até ser muito bons e extraordinários em muitas coisas, mas não em tudo. O que acontece é que essa busca acompanha nossos dias e ocasiona mais dor, porque criamos a síndrome da insuficiência: "Não tenho amigos o suficiente", "Não ganho o suficiente", "Não tenho tempo o suficiente", "Não me sinto feliz o suficiente", "Não me sinto bom o suficiente". **Isso faz com que o olhar se volte para a falta e não para a gratidão pelo que já se tem e pelo que mais podemos conquistar. Ao se conectar com a escassez, você se sente sem energia, porque se desconectou da sua força vital.**

Ao dar as mãos para suas fraquezas você desenvolve seu poder, e só assim consegue melhorar aquilo que conhece. Sei que é um clichê, mas sempre gosto de dizer: **dance com seus defeitos. E quando falo isso não é para aceitá-los de forma** *passiva, mas, sim, deixar que fluam literalmente, porque são indicadores de que você tem um ponto a melhorar. Quando você dança com seus defeitos, diminui as forças que eles têm, porque não existe nada a esconder. A atitude de fingir e fugir é a que mais nos aprisiona, enquanto a atitude de assumir liberta.*

A gente vive caindo na tentação do "Deixa como está". É cômodo! Além do mais... para quê arriscar mudar rumo ao desconhecido? Acreditamos que seremos felizes se estivermos protegidos no lugar onde sempre estivemos. Em vez de dedicar um tempo para levantar o véu que se coloca sobre quem somos e realmente gostaríamos de ser, permitimos que uma vida ilusória assuma o controle das nossas atitudes e também da falta delas.

O que torna cada indivíduo singular é exatamente aquilo que o amedronta. Se ele permanece dentro de uma caixa que silencia sua beleza, está abrindo mão do direito de experimentar a verdade. A busca incessante pela vida perfeita, pelo papel ideal, pelo personagem mais agradável, sempre nos frustrará – pela simples razão de que não somos perfeitos e jamais seremos. Se lutamos por algo inatingível, isto causa dor e frustração. Existem algumas atitudes que vão ajudar você a acabar com essa luta interna e praticar a autoaceitação:

a. **Aceite a dor como processo de crescimento e não como fuga.** Enquanto escondemos esse sentimento, ele exerce domínio e controle sobre nós. Aceite a dor até o momento em que não terá mais medo dela.

b. **Pense que tudo é questão de escolha.** Decida ter felicidade todos os dias de sua vida em vez de decidir que um dia, talvez, ela virá. Essa dinâmica também inclui o modo como vai administrar a preocupação com a opinião do outro. *É você que dá a exata medida da importância para o que foi dito.* Apenas você é capaz de fazer isso. Eu sei que a régua da significância muda conforme o grau de importância da pessoa que falou sobre nós. Quando é alguém por quem temos muita consideração, a dor costuma ser maior. Mas é melhor descobrir a verdade e cuidar logo da ferida do que deixar que ela vire um câncer que poderá se espalhar para outras áreas da sua vida.

c. **Construa um conjunto de valores melhores.** *Não existe uma fórmula rígida para lidar com a opinião dos outros. Cada um terá a sua. Mas há um elemento fundamental: a clareza do que é valor para você.* Costumamos nos preocupar com aquilo que é importante. Em meu processo de autoconhecimento, por exemplo, reconheci que dava desculpas quando justificava que meu medo do sucesso era pelo risco de perder a minha privacidade, além de ser enormemente julgada. Era mais fácil colocar a culpa do meu insucesso no medo de perder a minha intimidade, do que descobrir que não sou tão boa assim e que talvez as pessoas não quisessem me ouvir. Sempre estamos camuflando algo mais verdadeiro que não queremos que venha à tona. Isso também acontecia quando eu não respondia a alguns questionamentos que eram feitos em grupos de WhatsApp. Na verdade, eu me omitia para que não descobrissem um erro, uma fragilidade. Acreditava que se "errasse" na resposta teria a minha imagem destruída. Durante muito tempo, tive a crença de que era uma farsa. E se as pessoas descobrissem isso, não desejariam mais estar ao meu lado. Até que senti que sou capaz e tenho valor. Percebi que, para sentir meu valor, não preciso me preocupar com a opinião alheia, nem com a falha ou a vitória: e sim com a minha atitude em direção à verdade. **Quando você se abre para a vida, a vida se abre para você. Viva o momento presente e lembre-se: "O outro nada sabe a seu respeito, apenas imagina."**

## COMO VAI A SUA AUTOIMAGEM?

*É você quem tem que decidir o que vai fazer com aquilo que falam a seu respeito. Se irá ouvir*

Quando você **se abre** para a vida, a vida **se abre** para você. Viva **o momento presente** e lembre-se: "O outro nada sabe a seu respeito, apenas imagina."

**e "vestir a carapuça" ou escutar, aprender e voltar para a caminhada.** Para isso, você precisa olhar para a sua autoimagem.

O que você vê no espelho? Quanto se preocupa com a imagem que passa? Qual a sua intenção quando se relaciona com as pessoas?

_____
_____
_____
_____
_____
_____

Imagine uma celebridade. As pessoas idealizam e criam um personagem pautado em suas convicções. Se o cantor ou artista não estiver atento, pode cair na armadilha de tentar ser aquilo que idealizaram para ele. Caso decida viver a sua verdade, muitos dirão que ele é uma farsa. Mas, no fundo, a farsa foi o Eu criado pela multidão. Diante disso, ele não é uma farsa. Farsa é o que construíram sobre ele! Não é justo que uma pessoa, pública ou não, seja cobrada para ser aquilo que idealizam ao seu respeito. **O preço para sustentar toda essa mentira é caríssimo: a liberdade.**

As pessoas constroem um personagem e a tentativa de se alinhar a ele não é sustentável, pois não é possível caminhar com pernas e pés que não são reais.

Não é problema seu o que idealizaram sobre você.

**Crie consciência de que, se preocupando ou não, as pessoas vão julgar, vão criticar. Se der sua opinião, vão dizer que você fala demais. Se ficar quieto, vão mencionar que você fala pouco. Veja que, em ambas as situações, falaram de você.** Se deseja que ninguém fale mais, sinto dizer, mas terá que mudar para outro planeta ou partir desta vida para outra. Só com a morte as pessoas vão deixar de falar de você e, ainda assim, pode ser que falem, mas você não estará mais aqui para se incomodar. O que você pode fazer é fortalecer a sua autoimagem, o que você pensa a seu respeito, e não deixar que isso seja abalado facilmente.

## CUIDADO COM A BUSCA PELO RECONHECIMENTO

Quando você coloca energia no ego, no reconhecimento, significa que foca mais na sua aparência do que no seu propósito. Pergunte-se por um instante:

O que vem depois do reconhecimento? Quem mais será beneficiado com o que você faz? Coloque seu olhar naquilo que você tem de bom e não na vaidade. Quando você dá mais importância para o que andam dizendo sobre você, é sinal de que não tem sentido o seu valor.

_____
_____
_____
_____
_____
_____

O que fazer? Rememore o que você tem de bom. A necessidade de agradar as pessoas é universal, todos nós temos. O problema não reside em querer agradar o outro e sim em deixar de fazer algo com medo de não agradar ou de ser julgado.

**É preciso ter clareza de que querer ser aceito é natural, mas querer ser acolhido por todos aprisiona.** Se esse for o seu desejo, sinto informar que você viverá uma vida cheia de medo, por temer a rejeição e o julgamento a todo custo.

Para conseguir vencer o medo que o impede de fazer ou falar algo por estar preocupado com sua imagem, será preciso assumir esse medo. Se mostramos o que nos incomoda, sentimos menos dor, pois não é preciso se preocupar em esconder. A sua fraqueza se tornará a sua força, porque não mais precisará ocultá-la. Existem pessoas que sabem tirar de letra seus medos. Um exemplo? Aquelas que sabem rir de si mesmas, que logo assumem seu defeito de uma maneira tão autoconfiante que conseguem neutralizar o poder de qualquer crítica.

Não há razão em se esconder para que os outros não sintam inveja de você. A partir do momento em que você se liberta, a sua presença e o seu exemplo libertam os outros. Quando você tiver coragem de enfrentar sua realidade nua e crua, sem qualquer ilusão, conseguirá ser a luz e brilhar a sua estrela no seu maior esplendor.

**Ninguém pode rejeitar você – a não ser que você se rejeite primeiro. Já parou para pensar que se o outro lhe der reconhecimento está ótimo, mas se não der, não tem problema nenhum, nada mudou?** É necessário criar uma independência emocional. **Não fique esperando que o outro faça aquilo que só pode ser feito por você.** É a mesma coisa com a comida. Quem dá comida para você? Você mesmo. O lado emocional funciona da mesma forma. Quando nascemos, somos totalmente dependentes de nossos pais e mães e descobrimos quem somos pelo olhar deles. Mas agora que você cresceu, já sabe que tem que se alimentar emocionalmente. **Não dá para buscar o equilíbrio**

*Ninguém pode rejeitar você — a não ser que você* **se rejeite primeiro.** *Já parou para pensar que se o outro lhe der reconhecimento está ótimo, mas se não der,* **não tem problema nenhum, nada mudou?**

**no outro, pois você não tem controle das circunstâncias e das pessoas. Você só tem controle sobre os seus pensamentos, sentimentos e atitudes.**

Pode ter certeza: **ou as pessoas estão imaginando que você é muito melhor do que você é ou estão imaginando que você é pior do que aquilo que você já é. As pessoas vão sempre imaginá-lo, idealizando-o melhor ou pior. Só você é capaz de saber quem é exatamente. Então, se é ilusória a construção do outro sobre você, seja boa ou ruim, por que se importar tanto?**

Só o seu coração tem o poder de conhecê-lo por completo porque é quem convive com você; desde a sua concepção até os dias atuais, sentiu as dificuldades, as forças, as quedas e as vitórias. Ainda assim, você tem dificuldades de ouvir o seu coração, não é mesmo? Então, como vai dar bola para o que os outros estão falando?

Existe uma ferramenta para você se conectar com o seu coração e aprender a ouvi-lo. É uma meditação chamada exercício de coerência cardíaca, que pode ser feita todos os dias, por cerca de cinco a dez minutos. Você vai aprender como fazê-la ao final deste capítulo. Sempre me conecto com meu coração, porque sei que ele sabe a verdade e que existe bem diante da minha mente.

Seu verdadeiro inimigo é você mesmo. Tenha humildade para se perdoar por isso. **Você não vai conseguir ter compaixão pelo erro dos outros se não tiver pelo seu.** É necessário que você enfrente e confronte as realidades que se colocam à sua frente. A preocupação extrema cria um tipo de egocentrismo exagerado. Se a sua preocupação é excessiva, o foco está no eu. Isso aprisiona.

Será que verdadeiramente estão falando mal de você? As pessoas que não reconhecem o próprio valor quase sempre pensam que são criticadas – isso não é verdade. **A opinião do outro é um direito do outro e isso não lhe dá o direito de se sentir rejeitado, a não ser que você se rejeite.**

## RESGATE O SEU PODER

**Você não deve se preocupar com o que as pessoas falam, mas, sim, com o que faz com aquilo que falam. Mais do que isso: com o que você internaliza sobre um determinado comentário. O que ele ocasiona dentro de você? Muitas vezes entramos no processo de "entrar na onda", "comprar a ideia" e nos identificamos com o que foi dito sem mesmo checar se foi verdade.**

O sofrimento sempre vai para onde está nossa atenção... Quando nos preocupamos excessivamente com as pessoas, isso significa que estamos centrados nas sensações que elas podem nos proporcionar. Colocamos o poder nas mãos delas. Isso não dá certo. Você precisa ser o agente da sua vida!

- **Defina valores que pode controlar.** Não delegue para o outro. Se você diz: "Me sinto feliz se sou abraçado", acaba de dar poder para o outro. É diferente de dizer "Me sinto feliz quando eu abraço", neste caso o controle está com você.

- **Defina o que é importante e o que não é.** Quando você se preocupa demais com a opinião dos outros, significa que está dando muito valor para sua imagem externa. Pergunte-se: receber aplausos vale mais do que sua verdade e autenticidade? Não existe nada mais poderoso do que viver da verdade. **Fomos ensinados a valorizar apenas os momentos extraordinários e as pessoas fora da curva. Isso acaba nos afastando das coisas simples da vida e do bem-estar diário.** A partir disso, lutamos por uma perfeição que não existe! Passamos a desfrutar de poucos momentos de prazer, porque nosso coração passa a ficar conectado com a insatisfação e a ingratidão.

## VOCÊ É RESPONSÁVEL

Imagine se todo mundo se preocupasse com o que as pessoas pensam a seu respeito? Não existiria a vida como é hoje, não haveria sido descoberta a lâmpada, não teríamos os grandes feitos da humanidade. Existem pessoas que se arriscam, que não têm medo da exposição e assumem a responsabilidade de serem julgadas e criticadas, indo em direção aos seus sonhos, custe o que custar. Você pode ser uma delas ao perceber que tudo do que precisa está do lado de dentro. Sendo assim, se libertará da necessidade da aprovação de fora.

**Por mais desafiadora que sua vida seja, não é o outro o causador dos seus problemas, mas exclusivamente você. É muito mais fácil culpar o outro, o sistema, a macumba, do que assumir que o único culpado pela vida que se vive é você mesmo.** E a vida só muda quando você se responsabiliza por cada ação e pensamento. Quando percebe que a fonte de toda a energia que precisa está dentro de si, quem fornece tudo é você. Você é fonte de luz e também de trevas. A fonte de aceitação de quem somos está dentro de cada um de nós. Não está no dinheiro, na beleza, no sucesso, no poder. Pense em Amy Winehouse, Michael Jackson ou Marilyn Monroe. Foram pessoas que não se aceitaram. Quantos fãs eles tinham? Por mais que várias pessoas os amassem,

Por **mais desafiadora** que sua vida seja, não é o outro o causador dos seus problemas, mas **exclusivamente** você. É muito mais fácil culpar o outro, o sistema, a macumba, do que assumir que o único culpado pela vida que se vive **é você mesmo.**

eles não se amavam. O que comprova que a fonte está dentro de nós. Nunca, jamais no outro.

Você escolhe se quer continuar no sistema reagindo às atitudes das pessoas ou se decide responder ao desafio aceitando confiar em si.

Lixo só entra se você permitir. Tem um ditado que diz: *"Lixo sai, lixo entra". Diga: "Lixo não entra, é barrado na porta, porque a minha casa não é depósito de lixo".*

As pessoas têm se colocado como cestos que os outros preenchem como quiserem: ora com amor, presentes e ternura; ora com lixo, crítica e desamor. Não somos simples cestos! Somos a fonte que cria aquilo que será colocado.

### FERRAMENTA DE COERÊNCIA CARDÍACA

Coloque a mão na região do seu coração e inspire contando até cinco, levando o ar para o seu coração; para expirar, também conte até cinco e solte o ar, expandindo essa energia por todo seu corpo, ao seu redor e para todo o universo. Repita esse ciclo sete vezes, deixando o ar entrar e sair do seu coração. Enquanto sustenta esse estado elevado, seja grato por tudo que estiver vivendo neste momento. Sinta a paz e a felicidade dentro de você. Sinta essa energia vindo do seu coração e perceba que ela se expande por todo o seu corpo. Tome consciência de que essa energia faz parte de você. É uma energia que vai e vem entre o seu coração e o universo.

Neste instante, você sente muita gratidão por estar vivendo um momento tão especial de você com você mesmo.

Agora existe uma imensa sensação de bem-estar transbordando por todo o seu ser.

Agora volte, percebendo o seu corpo. Vá voltando para a vida com paz e amorosidade.

# 5

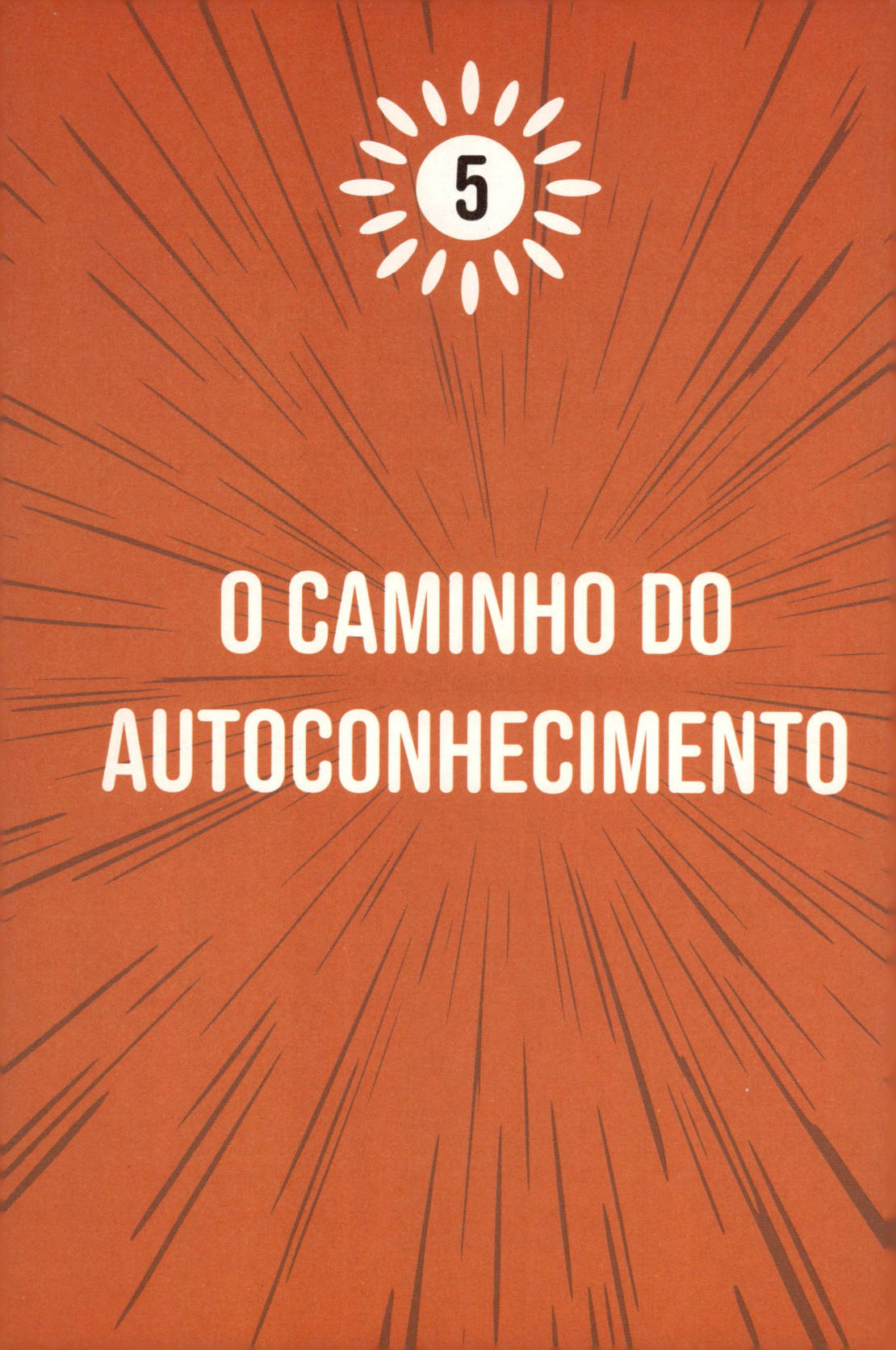

# O CAMINHO DO AUTOCONHECIMENTO

*"Nós não somos o que as pessoas dizem que somos. Somos quem sabemos que somos e somos o que amamos."*
*Laverne Cox*

A maior arma para falar e fazer o que se pensa são os superpoderes do autoconhecimento. **Tudo posso quando me conheço!**

Quando sei quem sou, consigo me tornar forte, porque identifico aquilo que é uma possibilidade em mim e aquilo que é uma limitação. Se não me conheço, não sei quais são os meus pontos fortes, nem mesmo os fracos. Acabo escutando o que os outros falam e tomo como verdade para mim. Acredito na opinião alheia a meu respeito pelo simples fato de não ter uma opinião formada sobre quem sou.

**Enquanto somos crianças, é natural que levemos em conta o que os outros dizem. Nossa**

*autoimagem é formada pelo que falam os pais, professores e familiares. Porém, quando a gente se torna adulto, essa realidade não mais subsiste. Nesse momento, é hora de fazer uma reconciliação consigo.* Olhar para dentro e ter uma conversa interna e sincera, a fim de se conhecer melhor.

Realizar esse perdão exige esforço, porque não é fácil olhar para dentro e ver que ali não existem apenas virtudes. Há também aspectos dos quais talvez você não se orgulhe tanto. O desafio está justamente aí: reconhecer-se com qualidades e defeitos e... não se julgar. Ter respeito por si mesmo. Aprender que ter limites não é ruim, mas uma possibilidade de continuar evoluindo com coragem. Para que um ser humano seja sincero consigo e com os outros, ele tem que se aceitar do jeito que é.

Existem algumas pistas que podem ajudar a exercitar o autoconhecimento no seu dia a dia. Elas são um caminho para você questionar suas verdades e sentimentos e ir entendendo por que age de determinada

Enquanto somos **crianças**, é natural que levemos em conta o que os outros dizem. Nossa **autoimagem** é formada pelo que falam os pais, professores e familiares. Porém, quando a gente se torna **adulto**, essa realidade não mais subsiste. Nesse momento, é hora de fazer uma reconciliação consigo.

maneira, por que se importa com uma opinião, por que tem medo de passar por uma situação específica. Com elas, você vai descobrir quais são suas verdadeiras necessidades e em quais aspectos da vida se sente insatisfeito. Desvendar essas questões vai ajudar você a se libertar do incômodo da acusação do outro. Você vai perceber que ela só ocupa um grande espaço na sua vida porque você ainda não se conhece bem.

## PISTA 1: A INVEJA

A inveja nunca é positiva. Ela significa ficar com raiva em razão de o outro ter ficado feliz, ter tido sucesso... Inveja é raiva da felicidade alheia. E é uma excelente ferramenta de autoconhecimento! Imagine que uma amiga sua está tendo muito sucesso com seu novo negócio. Caso você se sinta triste ao saber disso, aí pode estar uma pista do que quer para si também. Se o seu objetivo é abrir um negócio, por que não o faz? E se o seu objetivo não é esse, por que ficou com inveja? O que, naquele fato, incomodou você?

Vou lhe falar uma coisa: um obstáculo para fazer esse exercício está no fato de a maioria das pessoas se considerar invejada, mas não invejosa. Já reparou? É difícil reconhecer em si mesmo esse sentimento. Mas o fato é que tanto invejar quanto se sentir invejado são pistas para o autoconhecimento.

**Vou falar primeiro sobre invejar. Inveja é não conseguir aplaudir a trajetória bem-sucedida de alguém que está próximo, sem se incomodar. É estabelecer um laço de comparação. Comparar, aliás, é a tônica que rege esse sentimento: "Não importa quanto eu ganho, importa que eu ganhe mais do que as pessoas que estão ao meu redor".** Inveja é a incapacidade de reconhecer uma falha em si mesmo. Ao invés de olhar para dentro, a inveja se concentra no outro, torcendo para que o outro se saia sempre pior – e ficando com raiva quando ele se sai melhor.

A inveja é dolorosa. Porque reconhecer o próprio fracasso é uma das coisas mais difíceis do mundo. A inveja dói porque acaba sendo uma "homenagem indireta" à pessoa invejada. Invejar o corpo, a renda, a habilidade de alguém, a sociabilidade, a pessoa que está acima... Isso é doloroso de reconhecer.

A inveja é um grande erro, porque impede que você seja feliz. Ela torna você infeliz por não colocar foco naquilo que tem, mas, sim, no que o outro tem. A inveja é sempre amarga, porque nasce do reconhecimento de uma fraqueza. Ser feliz com a felicidade alheia pode parecer, para alguns, um grande desafio. Mas quando percebo que, no universo, cada um nasce com seu dom, que mamão não precisa querer ser melão, assim como cachorro não precisa querer ser gato, percebemos que a inveja é uma ilusão.

**_Você nunca será o outro e o outro nunca será quem você é. Tudo não passa da mais completa ilusão. Uma fantasia que foi criada na nossa cultura competitiva, mas que no fundo não existe. Eu só posso comparar a Andreza de hoje com a Andreza de ontem._** Portanto, não sofra invejando ninguém. Mas, ao perceber que esse sentimento tão natural apareceu, use-o inteligentemente como ferramenta do seu autoconhecimento. Quando ele aparece, está lhe mostrando nada mais do que aquilo que você deseja ter ou ser. Investigue o que é!

Você nunca será o outro e o outro nunca será quem você é. Tudo não passa da **mais completa ilusão.** Uma fantasia que foi criada na nossa cultura competitiva, mas que no fundo **não existe.** Eu só posso comparar a Andreza **de hoje** com a Andreza **de ontem.**

A partir de hoje, passe a perceber e refletir quando notar que sente inveja de algo no outro. Não encare isso como motivo de vergonha. Pelo contrário. Agradeça. Afinal, é um exercício de autoconhecimento. Você não teria a chance de perceber uma determinada cura que ainda precisa realizar em si mesmo se não fosse pela inveja. **Saber o que incomoda é sempre um espaço para interpretar o que lhe falta.**

Outra pista que a inveja nos dá diz respeito a quem se sente muito invejado e sempre acha que as coisas não dão certo para si mesmo por essa razão. Isso também acontece por falta de autoconhecimento ou alguma insegurança. Quando a gente não tem fé no nosso taco, prefere justificar o fracasso com a saída gloriosa: "Não fiz aquilo para não sentirem inveja de mim". Ou então: "Aquilo deu errado porque tinha muito olho gordo em cima de mim". Sim, muita gente de fato deixa de fazer algo com receio do que as pessoas vão falar. Mas por que se preocupar com a inveja alheia? O que incomoda de fato? Vale aí mais uma sabatina interna:

- Se falarem de mim, devo me perguntar: "É verdade isso que a pessoa diz?"

- Se não for verdade, devo me perguntar: "Isso que eu fiz seria algo que ela gostaria de ter?"

- Se é algo que a pessoa gostaria de ter, você já sabe que o que ela está sentindo pode ser inveja. E isso diz respeito a ela – e não a você. E só vai atrapalhar sua vida se você não se conhecer e tiver dúvidas de que é capaz.

## PISTA 2: SEUS DESEJOS

Outra pista importante para o autoconhecimento é identificar o que você realmente deseja. E aí existe uma primeira questão muito importante que é preciso esclarecer: **o que você verdadeiramente deseja e o que os outros dizem que você deve desejar?** As pessoas, em certos momentos, dão opiniões sobre o que a gente deve fazer. Até mesmo por querem o melhor para nós... ou o que elas consideram que é melhor. A cilada é você: por não ter respondido à pergunta: "Quais são os meus desejos verdadeiros?", comprou o "pacote de desejos" do outro. É muito comum a gente desejar o que os outros desejam para nós. Cada vez que alguém sugerir o que seria bom para sua vida, pergunte a si mesmo se aquilo faz sentido para você.

Para acabar com esse equívoco, é importante identificar seus valores. Só a partir deles é que você consegue entender aquilo que o motiva e o deixa de bem com as suas escolhas. Por exemplo, você tem o desejo de ganhar muito dinheiro e sabe que vai ter de trabalhar muito para isso – o que significa não ter muito tempo para a família. Se o dinheiro é um valor para você, essa escolha está resolvida. Agora, se estar com a família é um desejo também, sua escolha talvez seja aceitar ganhar menos e trabalhar menos. O desejo sempre tem a ver com os valores.

Por isso é tão importante saber o que quer. **No fundo, temos todas as respostas para nossas perguntas, mas, muitas vezes, o que falta é coragem para respondê-las.**

O que determina o fracasso ou sucesso da vida?

No **fundo**, temos todas as respostas para nossas perguntas, mas, muitas vezes, o que falta é **coragem** para respondê-las.

*Milionários têm plenitude total? Se perguntarmos a vários milionários, eles dirão que não. Então, o que determina o sucesso e o fracasso de uma vida? Eu diria que é alinhar suas escolhas com os seus desejos. Quando você sabe exatamente o que quer e toma atitudes com base nisso, você tem coerência. E a coerência deixa você mais forte, inclusive para lidar com as críticas. Quando a gente está vivendo na verdade, o que os outros pensam ou deixam de pensar não tem tanta importância a ponto de atrapalhar a felicidade.*

Uma maneira de descobrir os desejos é olhar para as suas necessidades, pois elas se comunicam com você por meio da insatisfação. Toda vez que você se incomoda com algo, significa que uma necessidade sua não está sendo contemplada. Vale a pena olhar mais atentamente para ela. Ficar atento ao que isso quer lhe dizer. Por exemplo, me incomoda muito quando vejo alguém que fala algo e não vive aquilo que prega. Muitas vezes, me afastei dos holofotes porque via pessoas que diante do público pregavam uma coisa e nos bastidores agiam de um jeito diferente. Além de me machucar, isso fazia com que eu tivesse medo de ser como eles, uma farsa. E o meu valor de congruência, por ser muito forte, fazia com que eu repelisse viver qualquer situação que pudesse negá-lo.

Quando eu tomei consciência do que me incomodava tanto na incongruência de outras pessoas, isso fez uma grande diferença na minha vida.

Percebi que carrego muito forte o valor de congruência que pertencia a meu pai. Ele era muito congruente com seus pensamentos e atitudes. Ainda que chorássemos, implorando uma ação diferente da sua parte, ele dizia assim: "Pode chorar lágrimas de sangue...". Quando me incomodo com a incongruência de uma pessoa, na verdade estou repetindo um padrão do meu pai, que, ao longo dos anos, formou e construiu os meus valores.

No entanto meu pai sempre foi muito intolerante e duro. Quando vejo alguém muito inflexível, isso me incomoda. Hoje, consigo respeitar uma pessoa assim, porque tenho consciência sobre a origem da minha perturbação.

Quando tomamos consciência da origem do que nos incomoda, fica mais fácil entender o mundo e as pessoas.

Quando vejo, no outro, algo que me incomoda, eu chamo isso de Espelhamento Negativo.

Também já vivi muitas situações que classifico como Espelhamento Positivo. Embora o nome pareça ser algo bom, não é. Acontece quando você vê algo no outro que faz você idolatrar aquela pessoa. Isso traz consequências negativas. Nesses momentos, se pergunte: "Esse Espelhamento Positivo me atrapalha de alguma forma?" Se não prejudica, é somente admiração.

O fato de você desejar fazer mais uma coisa do que outra também fala muito sobre você. Certamente, por trás da sua escolha, há o valor que você preza. E está tudo bem. Exemplos? Eu amo fazer *networking* e conhecer pessoas, enquanto meu marido Tiago é mais reservado. O meu comportamento irá se encaixar perfeitamente em alguns contextos, enquanto o do Tiago se encaixa melhor em outros.

Na minha infância, lembro que eu não conseguia assistir a uma aula sequer. Para ser sincera, cresci sem saber o que era ouvir o que o professor dizia, porque sempre preferia ficar conversando com minhas amigas. Esse tipo de comportamento é muito bom para fazer amigos e influenciar pessoas, mas não para aquele contexto que exigia que eu prestasse atenção.

Hoje consigo compreender que algumas situações são mais confortáveis para mim do que outras. Essa clareza faz com que eu possa navegar e trabalhar outros perfis de personalidade, sem me sentir ofendida ou incomodada ao fazer isso.

Mergulhar nas profundezas do meu ser pela meditação não foi inicialmente uma tarefa fácil. Imagine só: uma pessoa altamente energética tendo que ficar por alguns minutos em silêncio total?

Confesso que meu recorde era um minuto. Comecei pelas meditações guiadas porque eram mais fáceis pra mim – pelo menos ali uma pessoa falava e eu não me sentia sozinha.

Depois que entendi que está tudo bem desejar fazer mais uma coisa do que outra e que o fato de eu ter uma essência comunicativa e extrovertida não era impedimento para desenvolver minha introspecção, percebi que o que muda o jogo da nossa vida é conhecer aquilo de que gostamos e não gostamos.

No final das contas, **a vida se resume a um acordo que a gente faz dentro de nós mesmos. Quando nos conhecemos e sabemos quais são nossos valores e necessidades, acabamos dando um jeito de fazer uma negociação interna.** E aí você se questiona sobre como pode fazer o que tem que fazer abalando o mínimo possível suas necessidades, seja de segurança ou de aceitação. **Para tudo isso acontecer é preciso que você seja dono da sua vida. Ou seja: você precisa se apropriar dos seus desejos.**

## PISTA 3: A CRÍTICA

A maior bandeira que você dá da sua dor está na sua crítica. Então, **se você quer se conhecer, preste atenção aos momentos em que você julga o comportamento de alguém. Vivemos com a régua da comparação nas mãos.** Colocamo-nos sempre no meio e no ponto ideal, de acordo com o nosso ângulo de conhecimento sobre nós mesmos. Então o pensamento funciona assim: "Quem malha mais que eu é exagerado, quem malha menos é preguiçoso". Tudo que estiver acima do que consideramos "normal" é exagerado e o que estiver abaixo deixa a desejar. Quando aparecer esse tipo de pensamento, procure analisar o que é o "normal" para você – em outras palavras, analisar quem você é. O passo seguinte é avaliar se você está feliz com o seu jeito de ser. Analise se, por trás da crítica sobre quem faz mais ou menos do que você, não se esconde uma vontade de estar no lugar do outro. Às vezes, a crítica também vem na forma daquele questionamento: "Por que determinada pessoa está tão bem se ela é menos do que eu?"

Se você **quer se conhecer,** preste atenção aos momentos em que você **julga** o comportamento de alguém. Vivemos com a régua da comparação **nas mãos.**

É preciso entender que sucesso é risco. Assumir o risco de se expor, de falar o que pensa, de tentar algo novo, de investir... Quando você vê uma pessoa que você considera menos obtendo resultados melhores que os seus, é sinal de que ela está sendo mais bem resolvida e congruente no que diz respeito ao que quer e ao que está fazendo para conseguir. Repare mais uma vez: será que essa pessoa que você considera menos está se arriscando mais? Será que ela está com menos medo do que os outros vão dizer ou pensar?

## PISTA 4: O QUE VOCÊ AMA OU ODEIA NOS OUTROS

Quando você ama demais uma atitude, um comportamento ou uma característica de alguém, fique atento. Isso é um sinal de quem você é. Se você expressa amor por algo que outra pessoa é, aquilo existe dentro de você também. Mas quem sabe você ainda não se apoderou daquilo como seu, talvez não se sinta digno de ser ou fazer algo tão especial. Só reconhecemos no outro

**o que temos dentro da gente! Isso vale para o que amamos, mas também para o que odiamos. Portanto, se você odeia demais algo em alguém, é porque não aceita que aquilo exista em você. Se não fosse assim, teria passado despercebido. Você não teria observado, nem mesmo se incomodado. Isso é o que alguns teóricos chamam de sombra.** É também o que chamamos de projeção: ver algo fora do nosso mundo interior, algo que na realidade está dentro de nós. Projetamos aquilo de que ainda não tomamos consciência.

Em uma situação em que você se sente muito magoado com o que o outro fala, preste atenção. Se está se identificando com o que é dito, reconhece aquilo como verdade dentro de você. **O outro não é capaz de magoar, se você não se permitir sentir magoado. Você tem que reconhecer o que foi dito como verdade.**

Diante de tudo isso, o maior desafio para conseguir se conhecer pelos seus sentimentos de amor e ódio é manter a mente aberta. E você só consegue isso quando deixa de julgar a si mesmo. Nesse percurso de autoconhecimento, nem sempre vamos nos deparar com conclusões bonitas a respeito de nós mesmos. Muitas vezes, temos de encarar nossas sombras, como a raiva, a inveja, a impaciência, a incompreensão e o julgamento. Por isso, é essencial ter uma atitude de amor por aquilo que você ainda não tem de bom. Imagine quando um pai repreende um filho. Se ele o adverte apenas julgando, o filho vai se sentir péssimo e não terá motivação para sair do erro. Agora, se o pai repreende amorosamente, mostrando que quer ajudar e orientar, o filho vai se sentir encorajado a melhorar. Tenha consigo esse mesmo tipo de atitude amorosa. Dessa forma, além de se conhecer profundamente e se aprimorar, você também muda a sua relação com os outros.

Quando você conseguir ouvir sua verdade interna sem críticas, estará pronto para escutar as pessoas isento de julgamentos, com total desinteresse em determinar se alguém está certo ou errado no que diz a seu respeito. Você concede ao outro a liberdade dele ser quem é. Ao deixá-lo livre, você também se torna livre – e, nessa verdadeira liberdade, encontra a verdade. O que os outros pensam ou dizem sobre você passa a não importar mais, não impedindo que você seja quem realmente é. Portanto, se empenhe para desenvolver consigo mesmo uma relação baseada na verdade: se sinta aceito por si mesmo. Com base nesse amor, você consegue ser sincero ao falar e ouvir.

Proponho, neste momento, um exercício para que você sinta a liberdade de ser você mesmo, sem ficar se escondendo atrás de máscaras.

> Vá para um local calmo e use agora sua imaginação. Pense em algo que deseja realizar. Perceba todos os passos rumo a esse objetivo, as dores e as vitórias. Observe tudo. O seu medo, a sua ansiedade, a sua força, a sua energia. À medida que as cenas passam pela sua mente, aceite seus erros da mesma forma como você aceita os seus acertos. Somente assim, aceitando os seus sentimentos, é que será possível caminhar sendo honesto consigo, se amando e mostrando-se para os

outros sem máscaras. Quanto mais você vai se aproximando do objetivo, mais você vai convivendo com seus defeitos, aceitando a sua falta de perfeição e concedendo a si mesmo a compreensão.

## FAÇA DA SUA MENTE SUA CASA (E NÃO SUA PRISÃO)

*Cada um de nós percebe o mundo de acordo com a maneira que pensa. Então, não adianta querer mudar o mundo, nem o outro. O único mundo que podemos mudar é o que se encontra em nossa mente. A percepção do que vemos é o resultado do que enxergamos e não a causa. É curando a percepção que curamos as feridas emocionais internas.*

Você é o único responsável por aquilo que vê. É a única pessoa que pode decidir mudar ou não os sentimentos que experimenta.

Conforme for exercitando o autoconhecimento, você perceberá que a mente é um patrimônio valiosíssimo e poderoso. Verá que, quanto mais os pensamentos que conduzem sua vida vierem da sua verdade interna e não de uma conclusão tirada a partir da opinião dos outros, mais você se sentirá forte. Aquela fragilidade e aquele medo do que os outros dizem ou pensam vai perdendo força. **Faça da sua mente sua casa, não sua prisão.** Deixe que seus pensamentos sejam livres, voando como pássaros. Aprenda a cada dia a conservar mais a sua identidade frente às outras pessoas.

**Perceba que você tem direito de discordar e o outro tem direito de não aceitar.** Mas a aprovação com a qual você precisa contar é a sua. Você não pode ficar na dependência de ninguém, mesmo que seja seu pai, sua mãe, amigo, esposa... Somente você é capaz de saber o que é melhor pra si.

Poucas pessoas se conhecem verdadeiramente. Para ter coragem de dizer o que precisa ser dito, você tem que aceitar suas fraquezas, pois aquilo que você enxerga sobre si mesmo é o que vai fortalecer a sua identidade.

A primeira coisa para aceitar as suas fraquezas é reconhecer que você tem limites. Convido você a se perguntar, para cada assunto específico, qual é a sua limitação. É preciso entrar em contato com o seu ponto fraco, porque é ele quem está tentando o proteger.

Em segundo lugar, é necessário respeitar as suas limitações. Geralmente, você vive com o inimigo. Você é o seu maior adversário. Portanto, quando entrar em contato com seu ponto de dor, não é o momento para ficar com raiva, sofrer ou dizer "Eu não consigo mesmo". Nada disso! Respeite sua própria dor. Saiba que aquele ponto tenso tem razão de existir. Ele está ali por algum motivo, surgiu para manter você vivo nesta jornada chamada vida. Você precisa seguir adiante sabendo que, assim como os sete bilhões de seres humanos que existem na Terra, você não é perfeito, é perfectível. Está crescendo a cada dia e, até a sua morte, esse jogo continua.

Em terceiro lugar, seja justo com você. As pessoas costumam amar suas virtudes e odiar os seus defeitos, mas é preciso se amar por inteiro, para ter a força e o equilíbrio de seguir adiante. Suponha que sua fraqueza seja ser medroso. Eu sei que isso não lhe causa alegria. Pelo contrário. Deixa você bravo, pois não gostaria de ser assim. Mas você precisa entender toda a complexidade desse medo. Talvez ele seja uma parte que existe em você que apenas está querendo que você não se machuque.

A partir dessa informação, você terá mais consciência do seu medo e procurará outros recursos para ser uma pessoa que se arrisca mais. Tenha certeza de que, quanto mais você entrar em contato com suas fraquezas e aceitar olhá-las de frente, mais capacidade de ação você terá. Só podemos criar um plano para nós mesmos e ser bem-sucedidos se conhecermos bem aquilo que estamos fazendo. Você não tem obrigação de ser um super-herói ou uma super girl. Você só tem a obrigação de se conhecer e se aceitar.

## FERRAMENTA "TÔ NEM AÍ": PERCEBA COMO A MENTE É BOA EM CRIAR ILUSÕES

Agora quero propor um exercício. Ele trata de uma ferramenta para você perceber como a mente é boa em criar uma ilusão que nunca irá acontecer. Quando finalizar o exercício, irá perceber que **as verdadeiras crises começam na mente, em parte por aquilo que você acredita sobre si mesmo.**

Sente-se, confortavelmente, em algum lugar tranquilo da sua casa. Então lembre-se de uma cena da sua vida que tenha sido um verdadeiro filme de terror. Uma daquelas cenas que você teve a capacidade de transformar numa verdadeira tragédia. Reproduza a cena na sua mente e sinta tudo novamente. Relembre seus pensamentos ruins, viva o medo que sentiu, recorde tudo que passou na sua cabeça. Lembre das coisas ruins que poderiam acontecer. Reaja como fez na ocasião. Reproduza os sintomas, se teve palpitações, palidez, mão gelada... sei que não é divertido sentir isso, mas esse método é poderosíssimo porque faz com que o seu cérebro perceba o quanto a sua mente, veja só: mente. Ou seja, nas situações difíceis ela cria cenários irreais, sem qualquer justificativa plausível. Ela pode ser sua melhor amiga, mas também a sua pior inimiga.

Sempre que estiver diante de um momento em que não quer agir com medo do que o outro vai falar, questione-se se aquilo realmente é verdadeiro ou se é fruto da sua imaginação.

Questione-se se é válida essa preocupação e reveja o que aconteceu diante de fatos semelhantes a esse pelos quais você está passando.

À medida que você for se valendo dessa ferramenta, você irá amadurecer e começar a substituir os pensamentos negativos pela realidade – que não foi tão ruim assim. A grande verdade é que, na maioria das vezes, o problema não é tão grande quanto a gente pinta. O ser humano foi beneficiado pela imaginação, mas, na maioria das vezes, não sabe usá-la da melhor maneira.

*As verdadeiras crises começam* **na mente,** *em parte por aquilo que você* **acredita** *sobre si mesmo.*

# 6

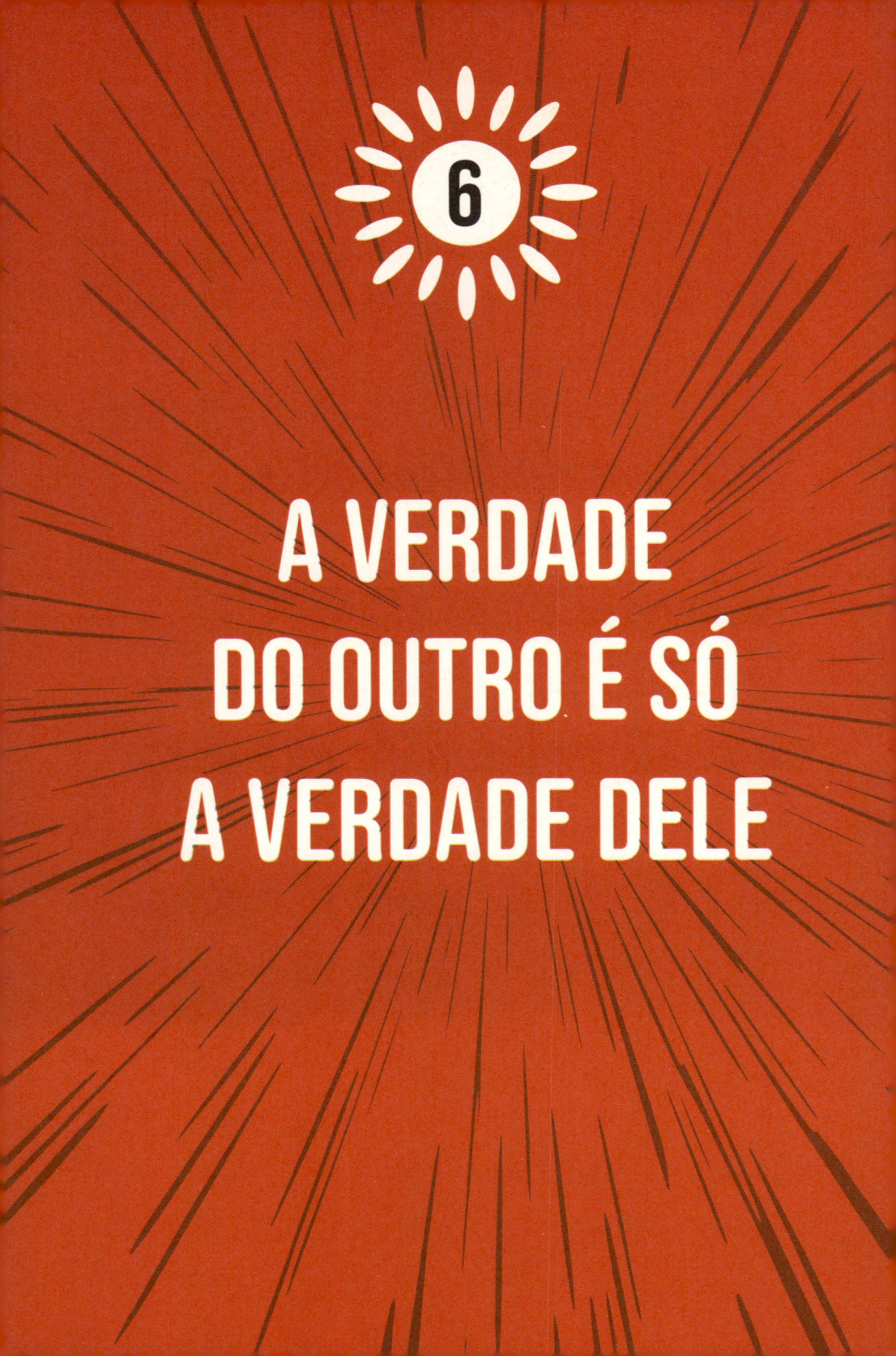

# A VERDADE DO OUTRO É SÓ A VERDADE DELE

*"Você tem que ser apenas quem você é. O melhor que pode fazer é ter certeza de que está conectado com a sua Fonte de Energia, e deixar os outros descobrirem isso por si mesmos."*

*Abraham-Hicks*

O que as pessoas falam nada mais é do que um reflexo daquilo que elas são, do que acreditam, do que valorizam e do que enxergam. Cada ser humano só consegue falar sobre o que conhece ou do que está dentro de si.

Você precisa levar isso em conta toda vez que tiver medo da opinião alheia. Muitas vezes, o outro não tem conhecimento profundo para falar com propriedade sobre você. **Ele fala sobre o que idealizou ou sobre a sombra que existe dentro dele mesmo. Portanto, a todo momento não se refere a você, mas, sim, a ele.**

Se uma pessoa, gratuitamente, começar a criticar você, é bem provável que ela tenha uma ferida muito viva e escondida nas profundezas do seu ser. Cada pessoa tem sua história e, dentro daquilo que viveu, suas verdades. O que está longe de significar que aquele julgamento emitido sobre você seja verdadeiro. Pode acontecer também de uma pessoa construir uma idealização sua e, em cima dela, criar expectativas. Então, se você não corresponde àquele ideal inventado, há julgamento e crítica. Mas não é você que está errado! **O que o outro diz passou pelo filtro de todas as experiências que ele viveu no passado.** É algo que incomoda a ele, embora possa ser um incômodo escondido e ele nem tenha se dado conta disso.

Talvez você me pergunte: "Mas Andreza, é em 100% das vezes que as pessoas estão erradas a meu respeito?" Na verdade, o que eu quero que você entenda é que não dá para tomar por verdade tudo o que os outros dizem, sem que você saiba que essa informação passou antes por um filtro interno deles.

O que o outro **diz** passou pelo **filtro** de todas as experiências que ele viveu no **passado**.

*Você só pode se ofender com a opinião de alguém se você não se conhecer. Quando alguém diz algo ao seu respeito, isso pode ser verdade ou mentira. A verdade deve ser aquilo que faz sentido com o que você realmente é. Se for uma verdade boa, ótimo. Você está recebendo um feedback positivo. Se for uma verdade ruim, mas que você entende como uma crítica construtiva, ótimo também. Você vai colocar na prateleira das melhorias a fazer.* Encarando os comentários alheios dessa forma, não há como ter medo do que os outros vão dizer, porque você sempre vai transformar aquilo em um benefício.

Agora, pode ser também que aquilo o que a pessoa diz seja uma mentira. Ou seja, algo que não condiz com sua verdade interna – e você sabe disso quando exercita o autoconhecimento constantemente.

Normalmente esses são os comentários que mais nos entristecem, porque é muito ruim saber que tem alguém que está nos julgando por algo que não somos. Dá vontade de ficar se explicando, dizendo que não é bem assim... Mas, muitas vezes, a pessoa não quer explicação. Ela só quer validar uma verdade interna dela. É nesses casos que você precisa entender que o outro fala de acordo com o que está dentro dele. Portanto, se trata de uma ilusão. Diante de situações assim, procure se perguntar: "Quem eu seria de verdade se os outros que me julgam não existissem mais? O que eu responderia se nada do que falam fosse relevante a não ser a decisão de seguir adiante com a minha verdade? Quem eu seria se estivesse sozinha no mundo?" Essas reflexões ajudam você a voltar o olhar para si e minimizar os efeitos da opinião infundada dos outros. Isso o fortalece.

Eu sei que não é fácil passar ileso pela opinião alheia. Estamos o tempo todo enfrentando situações nas quais precisamos nos defender emocionalmente dos mais variados tipos de ataques e críticas. Aliás, considero mais simples lidar com um ataque assumido do que com uma crítica fantasiada de conselho.

Experimente pedir ajuda quando estiver triste, deprimido e abandonado. Você vai ver que é natural as pessoas ajudarem sem maldade, porque as pessoas se sentem bem quando estão, de alguma forma, em uma situação de superioridade. O grande teste reside em pedir ajuda ou opinião quando você estiver tendo sucesso. Fazendo um contraponto, em geral, as pessoas não lidam bem com situações em que se sentem em uma posição de inferioridade. Observe como uma pessoa que se diz amiga narra uma crítica que ouviu sobre você. "Estão dizendo que você é muito metido, mas como eu sou seu amigo, não concordo com isso... Mas... você sabe, né? Seu jeito é desafiador, nem todo mundo entende". No fundo, essa pessoa está dizendo que sim, ela concorda com tudo que disseram sobre você, mas, como não tem coragem de dizer, transfere para a terceira pessoa – o famoso estão dizendo por aí. Uma forma estratégica de dizer o que quer dizer, sem assumir responsabilidade. E por que as pessoas agem assim? Porque nem todo mundo está preparado para conviver com o sucesso dos outros. E muitas das vezes quando alguém fala de você é isso que acontece. A pessoa simplesmente está mostrando que não tolera a sua vitória porque ela quer o que você tem. E qual é o jeito mais fácil de fazer isso? Correr atrás e batalhar para ter também? Não. É puxar você para um nível inferior ao dela, dizendo que você é uma farsa, é exibido ou é metido.

Muitas pessoas não têm ideia de quem são, apenas se colocam acima ou abaixo dos outros. Quando abrimos o filtro para isso, ou seja, ficamos alertas a esse tipo de comportamento, passamos a não digerir mais esse tipo de informação. Quando você está consciente das motivações do outro e, mais do que isso, consciente de quem você realmente é, deixa de ser uma esponja de mentiras, pois tem mais preparo para não se abalar por qualquer comentário.

As pessoas buscam a infelicidade diariamente, plantando maus pensamentos, aceitando as críticas dos outros e sendo incoerentes com sua verdade interior. Então, quando a infelicidade chega, se surpreendem como se fosse acidente. Submetem-se a companhias que no fundo não querem, frequentam lugares de que não gostam e, depois, não sabem por que estão se sentindo mal.

Não espere que os outros resolvam ser bonzinhos nem menos maldosos para começar a ser quem você realmente é. Olhe-se no espelho com clareza, perceba seus limites físicos, financeiros e de relacionamento.

Você precisa evitar o que vai gerar infelicidade a partir de hoje.

## LIVRE-SE DA DEPENDÊNCIA DA OPINIÃO ALHEIA

*O vazio de não saber "quem você é" e "o que quer" provoca a dependência da opinião dos outros.* Para se ver livre disso, precisamos falar da importância das suas intenções. Quando temos clareza do motivo para fazermos o que fazemos, o que o outro vai dizer ou não a nosso respeito passa a não ser mais um problema. Um exemplo muito simples: digamos que sua sogra chame você para almoçar na casa dela no domingo e você está muito cansado. Gostaria de tirar o domingo para descansar. Não quer se comprometer com um encontro familiar. Pode ser que você seja fiel ao seu propósito de restabelecer sua energia ou prefira não ser julgado pela sua sogra e vá. Perceba que basta saber o propósito da situação em concreto. Não precisa ir tão longe para poder adquirir a autoconfiança necessária para ser sincero com o outro e, acima de tudo, consigo próprio. O que você deve buscar a todo instante é a sua segurança com você mesmo.

Um dos vilões dessa busca por segurança é a culpa. Muitas vezes, é comum ter de ceder à própria vontade para não magoar ou incomodar os outros. Quem age assim, fica num casamento falido, porque diz que se sentiria culpado pelos filhos não terem a oportunidade de ter os pais casados. Mantém-se em um emprego que não traz motivação, porque diz que, se saísse, prejudicaria a família e todos dependentes daquele salário. Na verdade, a culpa tem que ser olhada a partir daquilo que é ético. Muitos conceitos sobre o que é ético podem existir, conforme nossa cultura e costumes. O que é ético hoje não será amanhã. Mas eu gosto de um conceito sobre ética que não falha: faço para o outro aquilo que desejaria receber em minha própria vida. Ou seja: eu gostaria de ter um marido que não me ama? Não. Quero alguém do meu lado que sinta amor por mim. Então, a desculpa dos nossos filhos não pode entrar nesta equação por mais que eles sejam importantes. Não se trata deles, se trata de mim.

## NÃO DEIXE A PERFEIÇÃO INTIMIDAR VOCÊ

Se você deixa de fazer algo por ter receio do que vão falar, significa que está querendo vestir uma máscara que não existe: a máscara da perfeição. Com isso, está deixando de lado a sua espontaneidade. Quando você se compara com outra pessoa que parece ser desumanamente perfeita, isso desperta um sentimento de inferioridade. Mas isso é ilusão. Essa pessoa que você julga perfeita, na verdade, está tentando, assim como você e tantas outras, camuflar a fragilidade que tem dentro de si.

Seja você mesmo, com todas as suas fraquezas humanas. Dê-se a chance de errar e melhorar a cada dia. Eu sei que não é fácil mostrar-se como de fato se é. Afinal, quando as fraquezas ficam evidentes, as portas são abertas para o ataque. Mas quando você escancara essa porta, você se liberta, porque não há mais nada a esconder. Logo, não há o que temer. **A crítica pode doer, mas tenha certeza de que dói muito mais deixar de realizar seus sonhos com medo do fracasso, com medo dos outros ou com medo seja lá do que for.**

**Não queira mais ser perfeito a partir de hoje, porque as pessoas ditas "perfeitas" não são perfeitas: elas representam um papel. Prefira a espontaneidade, deixe as coisas fluírem, confie na luz divina que existe dentro de você.** Se você disser ou fizer alguma besteira, não será a primeira nem a última vez. Pesa menos errar do que fingir ser aquilo que não se é.

## SEPARAR A EMOÇÃO DA RAZÃO

É comum a gente nutrir o medo de se expor por não conseguir separar a emoção da razão. Às vezes

A crítica pode doer, mas tenha certeza de que **dói muito mais** deixar de realizar seus sonhos com medo do fracasso, com medo dos outros ou com medo seja lá do que for. Não queira mais ser perfeito a partir de hoje, porque as pessoas ditas "perfeitas" não são perfeitas: elas **representam um papel**. Prefira a espontaneidade, deixe as coisas fluírem, confie na **luz divina** que existe dentro de você.

temos tanta expectativa sobre algo que não conseguimos olhar a situação friamente. Eu tenho um amigo muito amado que é cantor e se tornou uma grande celebridade. Desde o momento em que ele passou a ser considerado um astro, perdemos o contato. Ir ao show dele e dizer, depois de mais de dez anos, que estou lá novamente por amar suas canções e seu trabalho, dizer que sinto saudades, é algo simples. Mas lidar com o medo da rejeição, de ser inconveniente, o medo de que minha presença pese o seu espetáculo... Isso não é fácil. Acho melhor então deixar passar mais dez anos sem vê-lo do que correr o risco de sentir a dor de não ser considerada especial por quem tanto amo.

Eu poderia simplesmente ir ao show e pensar: a reação dele diz respeito à verdade dele, não à minha. No entanto, é difícil fazer isso quando deixamos que as emoções definam nossa realidade.

Quer outro exemplo? Falar para um funcionário que ele será demitido e dar os papéis para ele assinar. Isso é simples e prático. Mas lidar com o sentimento de culpa por ser o responsável pela falta de comida e de dinheiro para ele pagar a escola dos filhos não é fácil.

Por vivermos tantas situações como essas, se faz muito importante conhecer as emoções neste processo de autocura da imagem.

**Veja que as decisões e escolhas, em si, são simples: o que não é fácil é lidar com o sentimento e as emoções que advêm em razão daquela escolha.**

Como resolver isso? Sempre que preciso escolher alguma coisa, eu separo num papel qual é a decisão e qual é a emoção. Assim, consigo ter clareza do que está me impedindo de fazer o que tenho que fazer. No final, chego à conclusão de que não é a decisão e sim a emoção que se encontra mal trabalhada em mim. É minha criança interior que ainda não amadureceu o suficiente a ponto de entender que a vida tem ciclos e que, se for rejeitada, não aceita ou não compreendida, está tudo bem: isso não diminui quem eu sou nem o meu valor.

Veja que as decisões e escolhas,

em si, **são simples:**

o que não é fácil é lidar com o sentimento

e as emoções que advêm

**em razão** daquela escolha.

Nem tudo dá certo mesmo. Aquilo que não aconteceu não necessariamente seria o melhor pra mim. Pode até ser que o melhor tenha sido a negação.

Quando você consegue separar o joio do trigo, a vida começa a ficar mais leve. Tudo o que precisamos é de paz. E a paz só é alcançada quando temos clareza de todas as cenas da peça.

## FERRAMENTA "TÔ NEM AÍ": O MECANISMO DA PREOCUPAÇÃO COM A OPINIÃO DOS OUTROS

Um exercício que ajuda muito você a conseguir separar o que é seu daquilo que é do outro é se tornar um mero observador. Convido você a fazê-lo por sete dias seguidos.

Entre no seu quarto e feche a porta ou vá para um local em que você se sinta à vontade e não seja incomodado. Lembre-se de um momento em que você se preocupou muito com o que falariam de você. Reviva na sua mente essa situação. Refaça toda a cena, como se estivesse acontecendo. Veja, ouça e sinta. Deixe vir à tona esse sentimento de medo do que os outros iam falar de você. Comece a sentir a experiência outra vez e a mente captará toda a ideia. A mente a reviverá outra vez, mas você vai permanecer imperturbável. Se você conseguir fazer isso, conseguirá fazer a mesma coisa da próxima vez que sentir medo do que os outros vão pensar de você. A vivência do passado ajudará no presente.

Todos nós já sentimos receio de falar algo ou dizer algo. Se tivéssemos coragem de ser realmente tudo o que desejamos, sem nos preocupar tanto com os outros, seríamos muito melhores. O fato de você voltar ao passado o ajudará a dirimir qualquer mal-entendido que ali tenha ficado. Além disso, sua mente vai perceber que tudo não passa de ilusão.

Todas essas experiências sobre se preocupar com o que os outros falam de nós ficam na mesma gaveta do cérebro. Então, quando você sente isso novamente, elas vêm à tona. **Se você começar a limpar essa gaveta, quando surgir o medo da próxima vez, você só precisará olhar para aquele medo do presente e não mais para todas as inseguranças do passado que estavam acumuladas.**

# 7

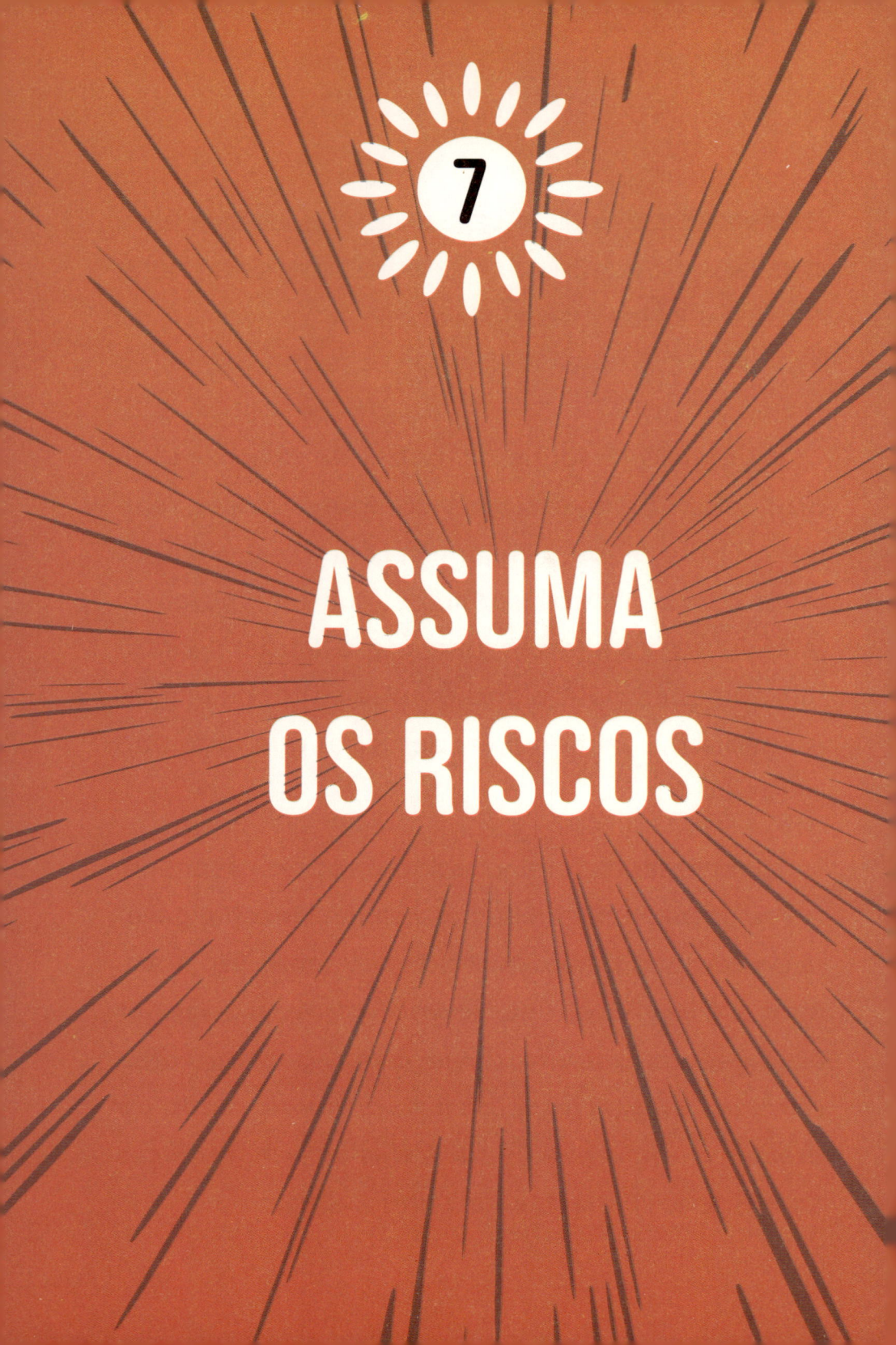

# ASSUMA OS RISCOS

*"A cada dia que vivo, mais me convenço de que o desperdício da vida está no amor que não damos, nas forças que não usamos, na prudência egoísta que nada arrisca e que, esquivando-nos do sofrimento, perdemos também a felicidade."*
*Mary Cholmondeley*

**L**embro que, quando eu era estudante, adorava sentir dentro de mim a leveza de poder errar. Na hora de perguntar, não tinha obrigação de saber. Afinal, eu era a aluna e não a professora. O tempo passou e muitas vezes me tornei orientadora na escola da vida. Ocupando esse novo lugar, senti o peso da responsabilidade e a sensação de que não podia falhar. Isso me fez sentir dor e uma emoção ruim que vinha do medo de ser julgada. Isso acontece com você também?

*Não é fácil ser idealizado pelas pessoas, mas sinto que é ainda mais difícil acreditar que a gen-*

**tem a obrigação de se comportar como os outros esperam.** Existem alguns papéis na sociedade que já vêm com um *script* predefinido. Por exemplo: um chefe não pode falhar ou é considerado incompetente e não merece a posição em que está. Então, se você exerce um cargo de liderança, tem que ser perfeito. Outro *script* predefinido na sociedade é o da mãe. Muita gente ainda acha que, depois de ter filhos, a mulher tem de abdicar da sua vida profissional, se deixar em segundo plano e colocar os filhos acima de tudo. Muitas mães são julgadas por continuarem trabalhando e tendo outras prioridades além dos filhos. Mas quem foi que disse que essas pessoas estão certas e ninguém mais? Quem foi que disse que esse é o certo?

É preciso resgatar a tranquilidade de ser quem você é e, mesmo quando você realmente fracassar, importa saber que o insucesso não torna você uma pessoa derrotada. Minimize o peso da falha na sua vida. **Use cada passo em falso como uma ferramenta para o seu desenvolvimento. Dessa forma,**

**o engano iluminará sua alma em vez de apagar sua luz. Servirá para mostrar que você deu mais um passo em direção a sua vitória.**

Cada bola fora, escolha errada ou atitude vergonhosa traz consigo uma oportunidade de tentar novamente. **Desconfie se, na sua vida, você nunca falha. Isso pode ser sinal de que está se esforçando pouco – se acomodou na sua zona de conforto – ou de que nem está tentando e vem perdendo chances de evoluir.** Se você está errando, é um sinal de que está colocando a mão na massa e fazendo o que tem que ser feito a fim de conseguir o que deseja, sentindo que tem valor independente do resultado.

**Não sei quem foi que começou, na humanidade, com essa ideia de que fracassar é ruim. Ruim nada. Fracassar dá asas para voar de novo de uma maneira mais sábia e inteligente!** Dá a possibilidade de olhar para o erro, conhecê-lo bem para não cometer novamente. Faz entrar em contato com a tristeza e crescer como ser humano, além de trabalhar o ego, diminuindo seu tamanho se estiver inflado.

Use cada passo em falso como uma ferramenta para o seu **desenvolvimento**. Dessa forma, o engano **iluminará** sua alma ao invés de apagar sua luz. Servirá para mostrar que você deu mais um passo em direção a sua **vitória**.

Lembro que, na época em que prestei concurso público, eu sonhava em passar, mas tinha medo de ficar estudando como louca e nunca ser aprovada. Meu pesadelo era o que as pessoas diriam de mim: "Nossa, tadinha, ela estuda tanto e não passa...". Não queria essa fama de coitadinha, de incapaz. Isso me assustava tanto que, naquela época, mudei de telefone e me tornei incomunicável para que ninguém pudesse saber nada sobre minha vida – e para que assim eu não fosse alvo de julgamentos.

Hoje reflito sobre isso... Que pensamento de escassez aquele meu! E daí se alguém pensasse algo? O problema seria de quem pensou. Eu estava lá, lutando pelos meus sonhos. Errado é quem tece comentários negativos a respeito de alguém. Essa pessoa, sim, é uma derrotada, porque em vez de ir atrás dos próprios sonhos e projetos fica só rolando o *feed* de notícias da rede social cuidando da vida de quem aparece por ali.

Escolhi dar outro significado para vencedor e derrotado. Derrotado não é aquele que não consegue realizar aquilo que deseja e sim o que nem tentou por medo de falhar ou o que desistiu ao fracassar. Vencedor é aquele que faz o que precisa ser feito para realizar o seu sonho, independentemente do resultado e da opinião dos outros. Desfruta da caminhada e deixa desabrochar aquilo que tem de mais bonito, a sua espontaneidade. Portanto, em qualquer papel que você exerça, errar faz parte do processo. É o que mostra que você está crescendo e evoluindo.

## VOCÊ TEM MEDO DO QUÊ?

**Quando você diz que tem medo de algo, na verdade, você tem medo das consequências que aquilo pode acarretar caso não se saia bem.** Um exemplo? Quem tem medo de falar em público tem medo, na verdade, de como vai lidar com olhares de reprovação, de uma má repercussão do que disse, de risos e deboche. Desde pequenos passamos uma grande parte da nossa vida tentando causar boas impressões nas pessoas, gastando tanto tempo nisso que se torna difícil nos conhecermos de verdade. Ao compreender isso e começar a investi-

*Quando você diz que* **tem medo** *de algo, na verdade, você tem medo das* **consequências** *que aquilo pode acarretar caso não se saia bem.*

gar o que de fato o assusta em uma determinada situação, é possível colocar esse medo no lugar dele. Como? Comece a imaginar o que pode acontecer e se prepare para lidar com o pior dos mundos. Ao planejar essa arma de defesa, você já começará a desenvolver uma coisa chamada confiança.

Nesse ensaio mental, seja sincero e franco consigo mesmo ao assumir que errar é ruim, ser julgado pelos outros dói e fracassar machuca. Abrimos nosso coração para o processo de autocura. Ninguém espera que você seja uma pessoa inabalável, insensível, que passa por qualquer situação ruim com uma postura indiferente. Fazer isso vai soar falso para você mesmo e pode deixá-lo ainda mais desconfortável. O melhor processo é simplesmente se permitir errar, não deixando que a busca pela perfeição seja um valor na sua vida. Liberte-se para arriscar mais, para errar mais, para ser o que você quer ser. Livre-se do peso da cobrança. A vida é como um jogo de bola. Você precisa aprender a jogá-la com as suas forças e fraquezas. Quando cometer um erro ou não souber de algo, se permita simplesmente ser humano. Jogue bola com você mesmo e determine as regras da partida, não deixando que situações ou pessoas determinem por você.

*"O que os outros pensam não é problema meu. Tô nem aí para o que vão dizer, tô nem aí se eu fracassei, tô nem aí se falaram mal, tô nem aí que estão me julgando... Eu quero mais é ser imperfeito mesmo, cheio de defeitos, e errar todos os dias para que eu possa ter a oportunidade de aprender e evoluir."*

Para conseguir atingir esse estágio de desapego, que nada mais é do que se desprender do seu ego, do seu orgulho, é preciso desenvolver a autoconfiança. Comece observando como você se sente quando precisa dizer algo que pode desagradar outra pessoa ou quando precisa fazer alguma coisa (tomar uma decisão, por exemplo) em que você pode fracassar ou demonstrar não ser bom o suficiente. Você chega a perder uma noite sem dormir, se sentindo culpado? Você pede a opinião de um

O que os outros pensam **não é** problema meu. **Tô nem aí** para o que vão dizer, **tô nem aí** se eu fracassei, **tô nem aí** se falaram mal, **tô nem aí** que estão me julgando... Eu quero mais é ser imperfeito mesmo, cheio de defeitos, e errar todos os dias para que eu possa ter a oportunidade de aprender e evoluir.

monte de gente e acaba fazendo o que os outros dizem, mesmo sem ser aquilo que o seu coração diz?

Observe-se. E depois se aceite. Assuma a responsabilidade de que você tem um comportamento, muitas vezes, dependente da aprovação dos outros. Isso não significa se culpar nem se punir. De jeito nenhum. Aceitar-se significa tomar consciência de que você precisa desenvolver essa habilidade para poder ter uma vida com mais harmonia.

Proponho a você um exercício para desenvolver a autoconfiança. Ele é simples, mas eficaz. Primeiro, imagine-se naturalmente tendo que tomar uma determinada decisão que considera muito difícil... Imagine tudo que vai sentir... A angústia... O sentimento de não aceitação. Deixe vir todos os sentimentos... Depois, continue respirando fundo e perceba como essa energia está circulando no seu corpo... Respire fundo e agora comece a mudar a direção da energia. Perceba o sentido contrário ao da circulação dessa energia. Se ela estiver rápida, você irá fazê-la ficar devagar. Se estiver lenta, você irá acelerar. Em seguida, fazendo a energia circular de forma oposta, você vai criar, na sua imaginação, a situação do jeito que você desejaria que fosse. Imagine todos os passos e, por fim, o final feliz. Sentindo paz... O melhor dos mundos... Como você gostaria de se sentir... Viva essa situação... Conecte-se a ela... Veja, escute e sinta ... Perceba-se mesmo na situação mais desafiadora, agindo de uma forma muito suave e leve, se sentindo com total autoconfiança.

## ESTÁ COM MUITO MEDO DE SER REJEITADO? ARRISQUE-SE MAIS!

Vou falar para você algo muito importante: se você estiver hoje tendo muito medo de ser rejeitado, é porque está sendo muito pouco excluído. Faça uma autoanálise: você vive como se estivesse pisando em ovos, fazendo tudo para agradar todo mundo? Tem deixado de realizar sonhos e projetos com medo de não ser bem-aceito? Em quantos momentos do dia você vive um personagem e em quantos momentos você age como realmente é?

Quando eu comecei a atuar na área de desenvolvimento humano, tinha muito medo de dar um treinamento ou uma palestra e só aparecerem duas pessoas... ou nenhuma! Enquanto eu tinha esse temor, o treinamento não estava se referindo ao outro e, sim, a mim. Eu estava mais preocupada com minha imagem, com o sucesso da casa cheia, do que com a possibilidade de ajudar as pessoas a serem transformadas, ainda que fossem apenas duas. Enquanto eu pensava assim, eu não saía do lugar. Ficava escondida, sem correr o risco de ser rejeitada.

Durante muito tempo, acreditei que eu era uma farsa e, acreditando nisso, tinha medo de que tirassem conclusões erradas de mim. Fazer essa revelação aqui neste livro (e escrevê-lo) já se torna extremamente libertador, porque domei o meu ego e coloquei o foco totalmente nas pessoas com quem posso contribuir com a minha mensagem e os aprendizados que compartilho aqui. Sei que não sou mais evoluída que ninguém. Assim como você, estou na caminhada. E peço que não idealize nenhum Eu em mim, porque não irei incorporar esse personagem. Já fiz isso no passado e sei a dor que me causou.

Hoje, tenho muito claro que todas as escolhas que eu fizer, sejam elas quais forem, estarão acompanhadas de perda. Não existe qualquer caminho isento disso. **Ao optar por um caminho, automaticamente renunciamos a outro.** Como a vida é feita de dissabores e alegrias, é óbvio que toda escolha terá suas dores. Posso ter a alegria de ajudar pessoas e o dissabor de não agradar a todas. Mas ao menos minha missão de vida está sendo cumprida.

**A vida é uma constante incerteza. Não há garantia de proteção para ninguém. Tenha você dinheiro ou não, um corpo perfeito ou não. Seja popular ou não, seja casado, solteiro, separado... Então, independentemente de você conseguir realizar o sonho que deseja realizar, a incerteza andará junto com você.**

Talvez, assim como já aconteceu comigo, você esteja buscando uma segurança sem tamanho. Essa segurança que, na realidade, não existe. Se você procura certeza na vida está fadado a morrer infeliz, porque não vai conseguir nunca a certeza que tanto almeja. Deseje apenas ser sincero consigo e com quem estiver ao seu redor, sem se preocupar tanto com sua aparência. Se alguém não gostar de você, está tudo bem. Não serão todos que gostarão mesmo. Prefira a honestidade a ser admirado por todos.

O bicho-papão só é papão enquanto não aparece para a gente. Depois que ele surge, pode até ser que a gente grite, mas logo se acostuma com ele. Passa a não ser mais tão papão assim. Quanto mais você se expuser a situações que o assustam, menos elas terão poder sobre você. À medida que deixa a espontaneidade fluir e não se preocupa tanto com a opinião das pessoas, você vê que é natural ser aceito ou rejeitado. A admiração não passa de uma imaginação que o outro tem sobre você. No fundo, é apenas uma ideia de quem você é. Não se trata da realidade, apenas idealização. Não queira realizar o desejo das pessoas. Abençoe o seu fracasso, assim como faz com sua vitória, pois o fato de fracassar não o torna fracassado, a não ser que você se sinta assim e pare o que precisa ser feito.

Ninguém é capaz de sair vitorioso de todas as tentativas, então pare de se comportar como um reator diante dos acontecimentos. Escolha responder diante da vida e continue a caminhada independentemente do que a vida lhe apresentar como obstáculo. No final, você perceberá que o que verdadeiramente importa é a caminhada e que você é o objetivo.

## O SEGREDO É A HUMILDADE

Um ingrediente essencial para que você consiga se expor mais à ideia de rejeição é a humildade. Se hoje você não se considera altamente preparado para ter um determinado cargo, se não se sente pronto para atuar em uma determinada área, para ser mãe ou pai, enfim, para qualquer coisa a que se dispuser, comece tendo a consciência de que ainda não é bom o suficiente, mas que mesmo assim vai tentar e começar. O que vai fazer você ser o que deseja é essa postura de saber que tem muito a aprender. Sabendo disso, você saberá que a opinião alheia pode trazer rejeições. Mas isso não pode paralisá-lo. Vença os seus erros, dia após dia, em vez de deixar que eles ganhem de você.

Para ser humilde você precisa ser honesto consigo mesmo e com os outros. Compreender suas necessidades, mas também as daqueles que o cercam. Saber que é um ser único e, como tal, incomparável a quem quer que seja. Pensando assim, poderá aprender com cada pessoa que passar por seu caminho. Ninguém é melhor ou pior, apenas se preparou mais em uma determinada área ou assunto.

**A partir do momento em que somos humildes, passamos a não mais temer a opinião dos outros, pois não existe humilhação diante da humildade. Quando você tem essa virtude, sabe que todos somos iguais. Estamos apenas em graus diferentes de aprendizagem.**

Nossas neuroses mentais são fruto de maus pensamentos e atitudes que nos acostumamos a ter e nem sentimos que tomam conta de nós. Geralmente, maus hábitos atormentam toda a nossa psique.

**É você que tem o poder de transformar o medo de não ser capaz pela confiança em acreditar que tudo dará certo – e se ainda não deu é porque não chegou ao final.**

Procure sempre se olhar no espelho e se perguntar: Quem eu sou? Tenho sido eu mesmo ou tenho procurado imitar alguém que admiro? Tenho vivido procurando agradar alguém? Se sim, quem? O que tenho feito por mim e pelos outros, diariamente?

_____
_____
_____
_____
_____
_____
_____

No momento em que faz essas perguntas, ainda que as respostas não venham imediatamente, o subconsciente fica trabalhando nelas. Se em algum

É você que **tem o poder** de transformar o medo de não ser capaz pela **confiança** em acreditar que tudo dará certo — e se ainda não deu é porque não chegou ao **final.**

momento você tentar ser outra pessoa, estará com o filtro aberto para perceber isso. Por exemplo: se em alguma situação você estiver tentando agradar uma pessoa a ponto de perder sua naturalidade ou se desgastar, ligue o sinal de alerta. Perceba que está agindo segundo o *script* alheio, e não o seu. Esse tipo de atitude suga a sua energia. Em vez de ser energia usada, é energia gasta, o que faz com que você se sinta exausto pela perda, ainda que inconsciente, da sua espontaneidade e da sua humildade. Quando você se comporta assim, se afasta da aprendizagem que o erro proporciona e da possibilidade de continuar arriscando. Pense sempre que a primeira pessoa a reconhecer o seu valor é você mesmo. A impressão do outro vai ser consequência de como você se trata e se posiciona frente às frustrações e derrotas vividas.

## O PODER DO ESTADO DE PRESENÇA

O medo do que os outros vão pensar ou falar gera uma preocupação. Ou seja, sua mente está se precipitando ao já imaginar uma consequência desastrosa para o que você vai fazer. Quando nos preocupamos não estamos no presente. Estamos no futuro, depositando nossa energia na ansiedade. Se você projeta a cena para o futuro e fica muito ansioso com o que pode acontecer, você não está verdadeiramente concentrado no agora. Focar é colocar energia, e se a sua força está centrada no seu ego, o seu olhar passa a se dedicar ao que os outros falarão a seu respeito. **_Agora, se a sua energia está concentrada na sua ação, tudo que é vaidade se dissolve automaticamente. Você precisa se perder naquilo que se propõe a fazer, colocar a energia e dar o seu melhor._** As consequências seguintes não estarão mais no seu controle. Fugirão do seu poder.

Ao se colocar no instante presente, pergunte a si mesmo: "O que vou fazer é algo que considero de valor? É algo que realmente quero?"

_____

_____

Depois de ter certeza da importância do que vai fazer, independentemente das consequências, siga adiante pagando o preço pela sua decisão, sabendo que tudo é um risco. A vida é incerta, está no campo das possibilidades. Quando você se coloca neste estado de presença, tudo parece mais fácil. Aos poucos, você vai entendendo como fazer e conduzir melhor o que está ao seu alcance. A preocupação e a ansiedade o freiam. Sem elas, você começa a andar e o caminho vai se formando. Você dá um passo de cada vez, percebe que a estrada é a sua prioridade. Sabe que se manterá nela, mesmo se começar a chover, se tiver curvas e buracos. Uma coisa essencial é ter consciência do que está colocando em risco nesse processo e procurar proteger ao máximo aquilo que é valor para você e pode estar sendo colocado em perigo. **Só aquele que assume o risco de errar é também quem terá chances de acertar. Não existe outro caminho.**

## PRATIQUE O PERDÃO DE SI MESMO

O perdão é um dos principais remédios para se conectar com o momento presente e substituir os pensamentos negativos que assolam a mente. Não sei se você sabe, mas quando você tem pensamentos negativos não está perdoando. Seja um erro ou falha cometidos no passado, seja por não desculpar uma falta de habilidade que tenha hoje... De uma maneira ou de outra, está faltando o perdão.

*O autoperdão é curativo. Aceitar que você não é perfeito é o caminho para o "Tô nem aí" geral. Enquanto você quiser pintar para a sociedade que você não falha, que sua vidinha é perfeita e que você é muito bom no que faz, terá sempre medo de se expor e arriscar as coisas que já alcançou. Mas tudo é ilusão. O que você tem hoje pode estar sendo o maior obstáculo para você realmente conseguir o que sonha amanhã.*

O apego por manter o que conquistou, muitas vezes, é um peso que leva você a não avançar rumo ao sonho que tanto deseja. É preciso perdão,

O autoperdão é **curativo**. Aceitar que você não é perfeito é **o caminho** para o "Tô nem aí" geral. Enquanto você quiser pintar para a sociedade que você não falha, que sua vidinha é perfeita e que você é muito bom no que faz, terá sempre medo **de se expor e arriscar** as coisas que já alcançou. Mas tudo é ilusão. O que você tem hoje pode estar sendo o maior obstáculo para você realmente **conseguir** o que sonha amanhã.

é preciso aceitação. Substitua a culpa, a condenação e o pessimismo por esperança em algo que não se tem certeza, mas que sabe que virá. Se você soubesse quanta coisa boa está para acontecer, jamais pensaria em desistir, seja qual for o motivo.

## FERRAMENTA "TÔ NEM AÍ": PARA LIDAR COM SITUAÇÕES DESAFIADORAS

Sempre que estiver em uma situação desafiadora, procure responder a estas três perguntas:

a) Para mim, é importante falar/fazer isto?

_____

_____

Ao responder à primeira pergunta com um "Sim", você estará dizendo para sua mente que fazer ou falar aquilo é um valor para você. Assim, está disposto a "comprar uma briga" se for preciso e pagar o preço de ser julgado. Você ouve sua voz interior e ela diz que sim, você precisa fazer aquilo. Sinta o que se passa dentro de você, qual é a sua intenção por trás de tudo.

b) Tenho as ferramentas e recursos para falar/fazer isto?

_____

_____

Em outras palavras, você tem recursos para suportar a crítica do outro? Tem ferramentas para enfrentar as reações desfavoráveis? As suas ferramentas são internas e externas.

As internas são a autoconfiança, o autovalor e a autoestima. São recursos intrínsecos que precisam ser desenvolvidos para que você possa lidar melhor com as situações desafiadoras do dia a dia.

As externas são aquelas que se encontram nos ambientes em que vivemos ou as que surgem a partir das pessoas com as quais nos relacionamos. Uma pessoa pode elevar ou diminuir você. As pessoas que verdadeiramente importam na nossa caminhada (e que são uma ferramenta externa valiosa) não são aquelas que apontam o dedo para dizer que erramos, mas, sim, aquelas que estendem a mão para que possamos levantar e seguir adiante.

Muitas vezes não é a missão que é difícil, e sim a ferramenta que se tem usado para ela. Um exemplo do cotidiano para ilustrar de um jeito bem simples: amo água de coco, mas na primeira vez que comprei um, eu não tinha ainda um abridor específico. Tentei abrir com uma faca. Adivinha o que aconteceu? Por mais que eu tivesse atitude, pensamento positivo e bom sentimento, não consegui: estava com o recurso errado. Transferindo isso para as situações desafiadoras da vida: às vezes, a gente foca apenas no que o outro diz sobre nós. E essa não é a ferramenta adequada. É como usar a faca para abrir o coco. A melhor ferramenta para vencer um temor são nossos recursos internos e externos apropriados.

c) Tenho o direito de falar/fazer isto?

_____

_____

Todo mundo sabe quando algo não é ético nem honesto. Nesses casos, você sabe do fundo do seu coração que não tem direito, mesmo que quisesse. Ao passo que, quando você alinha a importância, o poder e o direito de fazer ou falar algo, dificilmente seu ego irá lhe barrar. Nesse caso, você terá respeito com a sua verdade e propriedade para seguir em frente.

Quando você sistematiza o processo da tomada de decisão em uma situação desafiadora, fica mais fácil perceber sua mudança de comportamento. Você ganha a clareza e a confiança que o processo de reflexão proporciona.

**8**

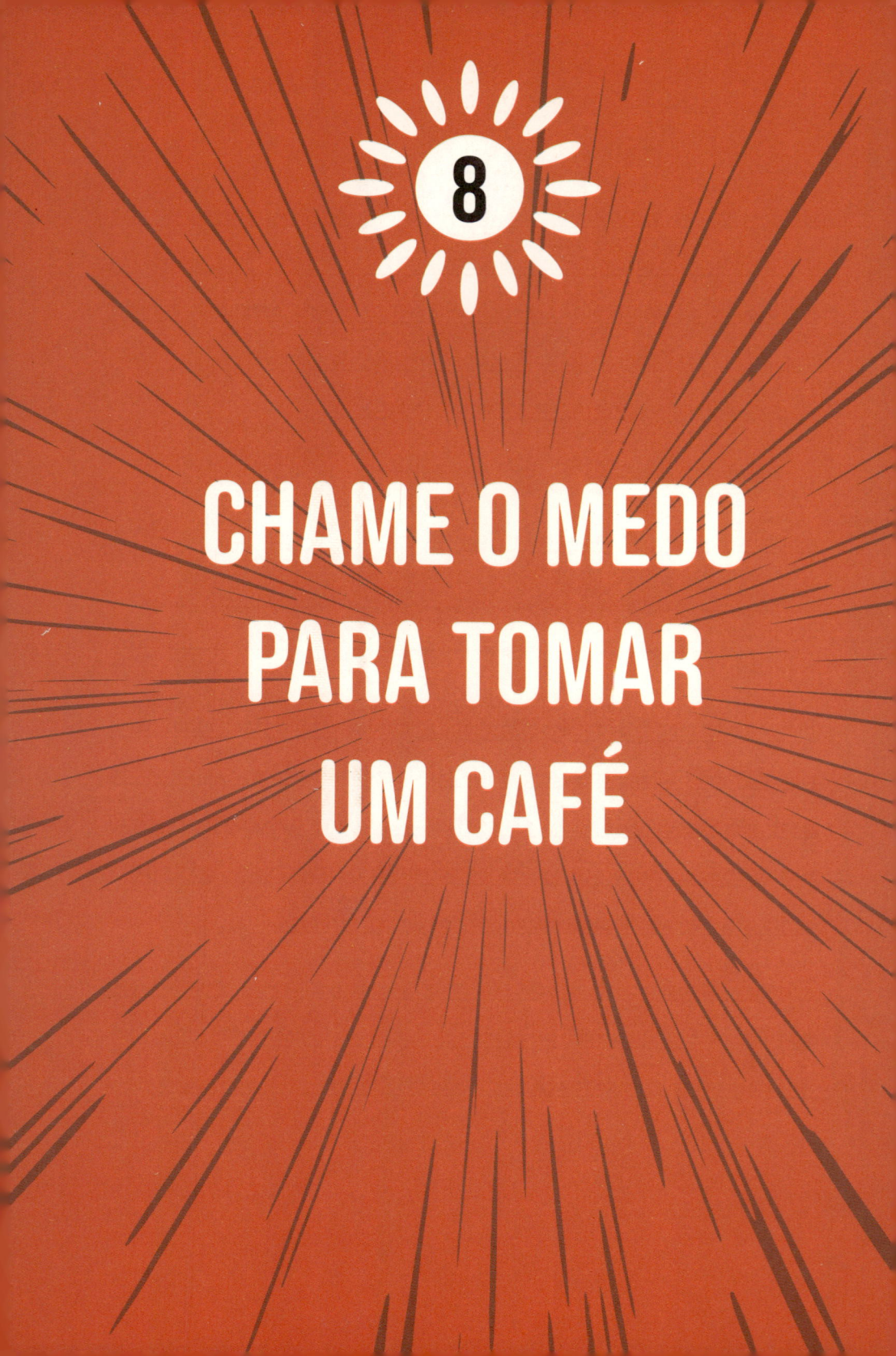

# CHAME O MEDO PARA TOMAR UM CAFÉ

*"Você consegue na vida aquilo que tem coragem de pedir."*
*Oprah Winfrey*

**Q**uando o medo surge, é sinal de que você está querendo passar por caminhos diferentes daqueles que percorreu até agora. É um indício de que está experimentando algo novo, assumindo um papel no qual ainda não está confortável, tomando atitudes que ainda não fazem parte do seu ser.

O medo é uma oportunidade de o Universo nos dizer: "Esse é o caminho, venha". Se o medo não fosse tão importante, nem daríamos bola para ele. Somente coisas vivas dão medo. As coisas mortas já se foram. O medo é simplesmente um desafio que tem que ser ultrapassado. Sempre que sentir medo, não fuja dele: enfrente-o.

Ter medo do que os outros vão pensar, falar ou reagir quanto a algo que você fizer é reflexo de

***que não se expôs o suficiente em determinadas situações.*** Mas não é preciso encarar esse medo como algo totalmente ruim. Olhe-o como um sentimento que precisa ser investigado. Chame-o para tomar um café. O que ele está querendo dizer? Converse com seu medo. Eu sempre faço isso.

E toda vez que tiver medo do que os outros vão pensar, procure não rotular esse sentimento como negativo. Apenas observe-o e perceba o que ele está querendo dizer. Entre em contato em vez de fugir. No momento em que se descobre por que ele bateu à sua porta, a sua transformação vai acontecendo e você começa a mudar a maneira de lidar com esse frio na barriga, que nada mais é do que um sistema de proteção interno.

Ter medo do que os **outros** vão pensar, falar ou reagir quanto a algo que você fizer é **reflexo** de que não se expôs o **suficiente** em determinadas situações.

Para começar essa conversa com o seu medo, é preciso entender como ele se instalou na sua mente. Em primeiro lugar, perceba que a mente tem como função nos proteger. Por isso, ela busca evitar os fracassos e os erros. Ela se satisfaz com a situação mais cômoda, para gastar o mínimo de energia possível. Se você já conhece um caminho neural que evita o risco, continua nele para se poupar. Em algum momento, alguém que exerça certa influência sobre sua vida – pais, tios, amigos, parentes, professores, líderes espirituais ou a própria mídia – ensinou você a ficar com medo do que os outros iriam falar ou pensar ao seu respeito. E você agora pode se perguntar: "Por que guardei essa informação que parece me prejudicar?" Certamente porque acreditou que manter em seus arquivos mentais o medo de julgamento serviria para preservá-lo. Então, acabou instalando, na mente, condicionamentos que cumprissem essa função.

A única maneira de apagar esse programa é criando consciência da sua existência. Você será capaz de deletar essa programação entendendo que ela não nasceu contigo. Hoje, se está lendo este livro, certamente acredita que não faz mais sentido manter o medo do julgamento na sua vida. Toda mudança começa na tomada de consciência do momento presente, a partir do instante em que se percebe que existe um processo acontecendo silenciosamente dentro do seu ser.

O medo vem de muitos lugares. Vem de falsas crenças. Vem do período da infância, em que não podia se defender de falas e comportamentos daqueles que exerciam influência sobre você. Essas são as causas externas. Mas também há algo dentro da gente que alimenta o medo. E isso acontece quando você carrega algo que não é verdadeiro dentro de si. Se você deixa de fazer ou dizer algo por preocupação sobre o que vão falar, é porque aquela atitude não traduz verdadeiramente a sua verdade. Pare para refletir sobre isso por um momento. Tente pensar nas vezes em que o temor do que os outros iriam falar tomou conta do seu ser.

O medo vem de expor algo que você tenta esconder. Pode ser uma fraqueza, algo que não está bem resolvido, uma insegurança, uma falta de conhecimento em determinado assunto. Aceitar que ainda é preciso se aprimorar em um aspecto é importante, mas o que fazemos na maior parte das vezes é colocar a nossa régua de perfeição tão alto que nunca podemos alcançar. Partimos sempre da comparação com o outro – o que ele é, o que ele sabe, o cargo que tem – e esquecemos de quem somos na essência, das nossas particularidades, da nossa autenticidade. Logo, o medo de ser julgado vem com tudo.

Quando você tem esse medo, o que comanda a sua vida é o ego, é a sua razão. Você criou uma imagem sobre si mesmo: a que os outros enxergam. Não quer que ela seja destruída. Tem medo de que, ao se expor além dos padrões que estabeleceu para si mesmo, as pessoas descubram que é imperfeito e deixem de amá-lo. Então, quando não se fala ou não se faz algo com medo de ser julgado, estamos tentando proteger o "eu construído". Algumas perguntas podem ajudar você a entender esse receio:

- Quem você acredita ser?

- Que imagem você está querendo sustentar a todo custo, inclusive colocando como preço a sua infelicidade?

- Do que você tem realmente medo? Teme que descubram que você não é tão inteligente? Que é uma farsa?

- O que você está querendo sustentar quando sente esse medo?

Vou dar um exemplo do cotidiano que ilustra essa postura de encarar o medo. Minha filha mais nova tinha medo de dormir no escuro. Sempre pedia que eu deixasse um abajur aceso no quarto dela. Certa noite, sugeri a ela que deixássemos a luz apagada para ver juntas o que aconteceria. Essa seria uma forma de ela entrar em contato com o medo e ver que ele não era tão gigante assim. Quando fiz essa proposta, minha filha me respondeu: "Mas, mamãe, tenho medo... Está tudo apagado". E eu disse: "Eu sei, estou vendo... Vamos ver o que acontece". A melhor forma de superar o medo é vivenciar o que lhe dá medo. Se você fugir, nunca irá desbloqueá-lo. Ele assombrará sua mente. A partir do momento em que você vai tomando contato, ele vai ficando cada vez menor.

## O QUE DE PIOR PODERIA ACONTECER?

Sempre que penso nos meus medos, me pergunto se eles são reais. Obtenho a resposta fazendo a seguinte pergunta: O que de pior poderia acontecer? Quando você se questiona sobre o pior, percebe que ele não é tão ruim assim.

Descobre que, no fundo, o que tentamos evitar a todo momento são as emoções relacionadas a determinada situação. Sempre digo que não é o fazer ou o falar que é difícil, mas, sim, a EMOÇÃO que se relaciona ao fazer ou falar. Entender isso já é libertador. A partir deste conhecimento passamos a separar as coisas. Observamos que a atitude, em si, é simples. O que precisará ser enfrentado é a emoção a que essa ação se vincula.

Quando você chama o medo para tomar um café, ele desaparece. O mesmo convite que fiz à minha filha, que tinha medo de luz apagada, quero fazer a você: vamos então apagar a luz para ver o que acontece.

O que de pior pode acontecer se você fizer ou falar o que deseja? Minha intenção não é causar um medo sem necessidade em você, mas, sim, separar o que é realidade do que é apenas ilusão. Em 99% das vezes, o pior que poderia acontecer nunca acontece: não passa de uma expectativa criada pela nossa imaginação, fruto da necessidade de segurança. Experimente também antecipar as possíveis respostas. O que as pessoas podem falar? Se você fizer o que deseja, o que pode acontecer?

_____
_____
_____
_____
_____
_____

Quando faz essa autoanálise, descobre que por trás daquilo que quer fazer ou falar está simplesmente a intenção de se sair bem. Você enxerga os riscos (reais e não tão reais) e as oportunidades. E se aquilo for mesmo importante para você, por maiores que sejam os desafios a serem enfrentados, todos eles valerão a pena. Pensar assim faz com que você fique no positivo. Diante de energia e clareza da importância da sua ação, a sua direção fica evidente. Pode ser que nem tudo saia às mil maravilhas como planejou, mas agora a sua imaginação não toma mais conta dos seus pensamentos. Você pode se basear em dados concretos ou em meras suposições da sua mente vã. O que irá preferir a partir de agora?

Certa vez, um amigo meu, proprietário de uma grande empresa, veio me contar que queria abrir um novo negócio. Só que, para cuidar desse projeto, ele teria de se ausentar um pouco da empresa. Como bom líder, estava preocupado com o que os funcionários iriam pensar dele quando começasse a sair cedo do trabalho ou mesmo nem aparecer por lá por dias seguidos. Meu amigo expôs suas inseguranças: "Será que pensariam que os estou explorando? Será que vão sair falando que só eles que trabalham e eu só folgo?" Sugeri que fosse feito exatamente o exercício de entrar em contato com o medo. Fizemos isso juntos e fomos a fundo em cada ponto de seu receio. Então, comecei a perguntar: "Se verdadeiramente os funcionários pensarem tudo isso de você e ficarem comentando pelas costas sobre todas essas coisas que o amedrontam, o que vai acontecer?" Ele disse: "Nada! É direito deles pensar o que quiserem de mim e é direito meu pensar o que eu quiser deles". Concordei: "Sim, exatamente isso. Inclusive, o pensar é livre, graças a Deus. Imagine se nosso pensar fosse tolhido. Se colocassem chips na nossa cabeça e dissessem o que podemos ou não pensar. Que loucura e tortura seria! Não salvaria ninguém!"

Aconselhei ao meu amigo que experimentasse começar a realizar seu novo projeto deixando de lado o medo do que os funcionários pensariam de sua ausência. Também levantei a questão: "O que impede seus funcionários de pensarem cobras e lagartos de você a qualquer momento? Quem garante que eles estão pensando coisas boas ao seu respeito hoje mesmo? O fato de estar presente não significa que vão pensar bem de você. Isso é uma ilusão que você criou". Quis mostrar que aquele impedimento para tocar os novos projetos foi uma criação da mente dele. Talvez tivesse outra razão mais profunda. Poderia ser culpa. Sugeri a ele que se questionasse: "Você está bem resolvido com seu direito de realizar novos projetos e com a justiça de ser merecedor do progresso da sua empresa atual, mesmo não atuando diretamente nela?"

O julgamento que ele estava prevendo era exclusivamente dele – e não dos funcionários. Meu amigo chegou à conclusão de que o certo era deixar fluir. Com o tempo, os empregados se acostumaram com a ideia de ter o chefe fora, e aquilo que era uma exceção passou a ser uma regra.

> Da próxima vez em que você sentir muito medo, primeiro pense em tudo de ruim que pode acontecer e busque, na medida do possível, trazer toda a segurança para a situação. Depois pense em todo o bem que aquela ação irá ocasionar. E, se valer mesmo a pena, se jogue. Comece a subir um degrau de cada vez! Não precisa ver o último para subir o próximo. A escada se conclui com cada degrau que é vencido. A verdade é que, para subir toda a escada, apenas o próximo degrau importa, então viva cada degrau intensamente.

## CONFIE NA DIVINDADE MAIOR

Quando sentimos medo, estamos desligados da realidade maior. Desconfiando do que pode acontecer. Não estamos depositando fé na sabedoria divina que nos guia. Se você deixa de fazer algo por medo da opinião do outro, está dizendo para o universo que não confia na vida.

*A gente nasceu por força da existência, respira um ar que nem vê, mas, mesmo assim, muitas vezes, anda sem confiar e deixa de agir por medo de que a vida possa ser injusta e machucar. Você faz parte da existência e se confunde com ela. Será que mesmo assim ela seria capaz de ferir você, que é uma parte desse todo?*

*O processo de confiança acontece primeiro dentro da gente. Se você não confia na vida é porque, na verdade, ainda não confia em si.* Na maioria das vezes, nem sabemos do que estamos com medo ou por que ele nos amedronta. Neste momento, convido você a fechar os olhos e se perguntar tão somente o seguinte: "Qual é o maior medo que tenho neste momento na minha vida?"

Deixe fluir sons, imagens, cheiros... Conecte-se com o seu Eu Superior e deixe que ele revele. O seu consciente ficará questionando se o inconsciente realmente revelou o maior medo. Questionará se ele está correto. Não se preocupe com isso. Somente pergunte e observe como alguém que deixa o olhar

A gente nasceu **por força** da existência, respira um ar que nem vê, mas mesmo assim, muitas vezes, anda sem confiar e deixa **de agir** por medo de que a vida possa ser injusta e machucar. Você faz parte da existência e se confunde com ela. Será que mesmo assim ela seria capaz de ferir você, que é **uma parte** desse todo?

vagar pelas estrelas e o luar. Não faça julgamentos do que é certo ou errado. Simplesmente pergunte.

Você perceberá que o medo que tem não é real. É uma ilusão da sua mente. Para confirmar, pergunte mais uma vez: "O que de concreto está acontecendo para fundamentar esse medo?" Perceberá que grande parte das suas aflições não existem. São apenas expectativas negativas. E já que o final não é certo, em vez de projetar o que de ruim pode acontecer no futuro, que tal aproveitar a caminhada? Os movimentos dados pelos seus pés no caminho definem se você está atendendo aos seus valores, se está se sentindo feliz ou não. Um passo, depois o outro... Isso é a única coisa que está sob o seu controle. A chegada ao local que deseja não depende apenas de você. Pode chover, o local pode ser destruído... Mil coisas podem acontecer! Mas caminhar está sob seu controle. Imagine que vá subir o Monte Everest. Na hora da subida, você se confunde, subindo outra montanha. Em vez de chegar ao pico do monte mais famoso do mundo, você chega a outro ponto alto da Terra. O que aconteceu de fato? Você subiu um outro monte – mas aproveitou a caminhada. Por isso, dê importância ao que você decidir fazer a cada dia. **É disso que sua vida se trata: das caminhadas – e não das chegadas. Quando começamos a curtir mais a caminhada, vivemos mais o presente e o medo vai sumindo, porque os pensamentos deixam de se preocupar com o futuro ou com os erros do passado. São essas emoções que causam medo.**

Viver o presente é viver aquilo que acontece de simples na vida, como comer, tomar banho, ir ao trabalho, fazer a comida das crianças ou brincar com elas. A vida é feita das pequenas coisas de todo dia, não das grandes. Tudo que for fazer, faça-o com enorme amor. Ao tomar um chá, imagine-se sentado com toda a natureza para saborear esse momento. Dê os maiores significados a todos os pequenos instantes. Ao ler este livro, imagine que as palavras estão sendo reveladas para você pelo Universo, com sua generosa bondade. Para que este livro cause um milagre em

É disso que sua vida se trata:

**das caminhadas** — e não das chegadas.

Quando começamos a curtir mais a caminhada, vivemos mais **o presente** e o medo vai sumindo, porque os pensamentos **deixam** de se preocupar com o futuro ou com os erros do passado.

São essas emoções que causam medo.

sua vida, é preciso que você esteja disposto a viver a experiência do momento.

## O CAMINHO DO AMOR VERSUS O CAMINHO DO MEDO

Há duas estradas a serem seguidas: a do amor ou a do medo. Ao se preocupar com o que os outros vão falar, você está conduzindo a vida pelo caminho do medo. Você opta pela estrada do medo quando tem uma postura rígida, busca a segurança a todo custo e tem necessidade de se sentir protegido em tudo que vai fazer. **Quando escolhemos o caminho do medo, não nos permitimos arriscar, nem abrir as portas e janelas da nossa verdade.** E se não é possível sair para conhecer novos caminhos, nem errar, não se conhece a grandeza da vida.

**Em algum grau, todos sentem medo. O problema não é sentir, é deixar que ele domine e controle a sua vida.** Sempre tive muito medo de que as pessoas se aproximassem muito de mim e descobrissem as minhas falhas. Hoje aceito as

Em algum grau, **todos** sentem medo.
O problema não é sentir, é deixar que ele
**domine e controle** a sua vida.

minhas imperfeições, sei que está tudo bem se eu errar. Isso é simples de entender, mas não é fácil de fazer. *Se tenho medo do que o outro vai falar, na verdade, tenho medo de mim, do meu autojulgamento. Se me culpo, também acredito que o outro irá me culpar. Na relação que tenho com o outro, vejo a minha imagem refletida nele. O outro é um espelho do que entendo que sou. Tudo acontece antes dentro de mim.* Se eu me amo, também vejo amor nos outros. Se me sinto culpada, também culpo os outros. Quando entro em contato com o outro, na verdade, vejo aquilo que identifico em mim. Quando percebi que a beleza da vida está em deixar vir à tona o meu vazio interior, pude descobrir a grande paz que há em mim. E percebi que o medo é uma força menos poderosa que o amor. Não queira caminhar na estrada da vida dando prioridade para o medo: escolha o amor e o temor desaparecerá.

*O caminho do amor é aquele pelo qual você vai se tornar vulnerável, porque irá se desarmar.*

Se tenho medo do que **o outro** vai falar, na verdade, tenho medo **de mim**, do meu **autojulgamento**. Se me culpo, também acredito que o outro irá me culpar. Na relação que tenho com o outro, vejo a minha imagem **refletida** nele. O outro é um espelho do que entendo que sou. Tudo acontece antes **dentro** de mim.

**Quem ama, não se arma e não tem medo do que os outros vão falar. Você está no caminho do amor quando se abre e permite que a verdade e a libertação aconteçam dentro de si.** Ame-se e deixe o amor se estender sobre cada célula do seu corpo, deixe que ele flua tranquilamente pela existência.

Amar é compartilhar a sua essência, tudo que você é e ainda não é, sem desejos ou expectativas, buscando simplesmente entregar ao outro a sua verdade, sem querer nada em troca. O amor não tem fingimentos, não tem mentiras, simplesmente é. Nada mais. Amar é se aceitar, porque você só é capaz de aceitar o que o outro diz ao seu respeito quando passou pelo processo de aceitar o que você pensa e fala sobre si, acolhendo seus defeitos e virtudes. **Quando você abre as portas e janelas para o amor, a possibilidade de ser rejeitado continuará. Mas suas chances de viver uma vida mais plena é 100% maior.** O medo vai estar presente. Aceite que ele existe e siga adiante. A partir do momento em que você segue, ainda que com

*Quando você abre as portas e janelas para o* **amor**, *a possibilidade de ser rejeitado continuará. Mas suas* **chances** *de viver uma vida mais plena é* **100%** *maior.*

medo, acontece um milagre, pois inevitavelmente você começa a crescer.

### FERRAMENTA "TÔ NEM AÍ": PARA LIDAR COM O MEDO

Um exercício para ajudar você a administrar o medo da reação alheia é se silenciar por um momento e fazer as seguintes perguntas usando a energia do coração para sentir as respostas:

• O que esse medo está querendo me dizer?
_____
_____

• De onde ele vem?
_____
_____

• Como ele surgiu?
_____
_____

• Por que o estou sentindo agora?

_____

_____

Quando você pergunta o que é esse medo, várias respostas podem aparecer. Talvez se refira a algum desejo, a uma expectativa que você receia não ser atendida. O medo pode vir pelo desejo de viver um momento futuro. Ou de uma expectativa de que se repita uma cena do passado. Se você se concentrar no aqui e no agora, o medo se vai. O medo decorre do desconhecido, da ignorância. O medo vem do apego. Você pode estar tão apegado a determinada situação ou a uma pessoa que sente medo. Quer exemplos? Você ama uma pessoa, mas tem medo de ser abandonado por ela, porque já foi deixado por alguém antes ou essa pessoa já desamparou alguém anteriormente. Você consegue um excelente emprego, mas tem medo de perdê-lo, porque não sabe como vai lidar com o fato de ser rejeitado. É o medo de que as coisas mudem amanhã que paralisa você. E isso é uma ilusão. Com medo ou sem medo, as coisas vão mudar amanhã. Não há como fugir disso, por mais que você tente acreditar inconscientemente que existe uma escapatória. Quanto mais pensar e se preocupar com o que as pessoas pensam, mais verá isso na sua vida. Todo mundo, bem ou mal, pensa algo sobre você.

Analise se as atitudes de medo que você tem são baseadas na realidade (momento presente), nas experiências (passado) ou nas expectativas (futuro). Procure focar apenas a realidade presente.

O medo do que os outros vão falar está tentando fazer você se silenciar para se proteger da exposição. Mas se calar não vai mudar nada. A única maneira de vencer esse desafio é deixar de desperdiçar tanta energia com medo dos outros, investindo na tarefa de ser você mesmo. Busque se conhecer, falar e fazer o que for preciso, porque quando parar de tentar ser aceito e amado você se aproximará da sua essência.

# 9

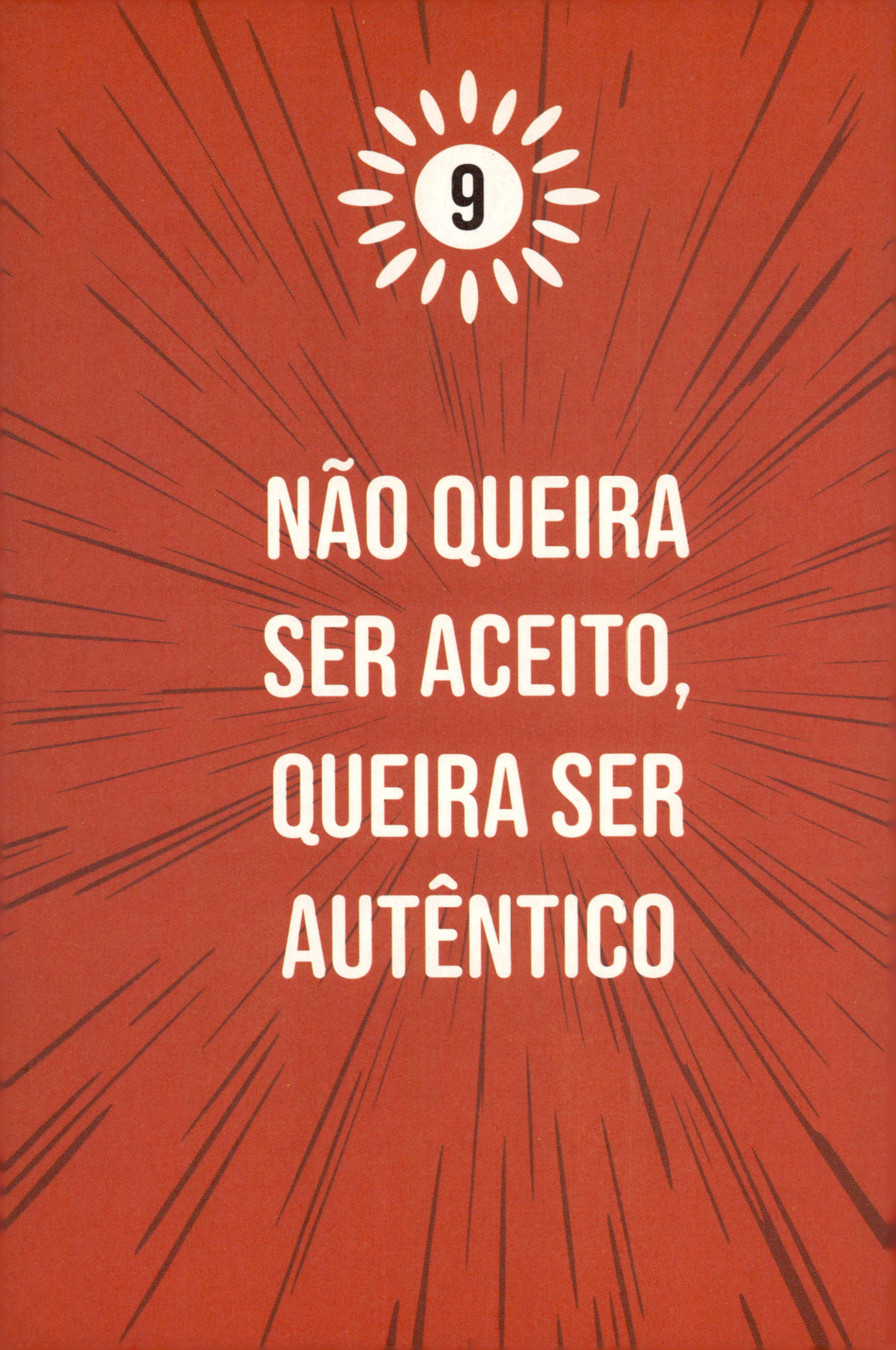

# NÃO QUEIRA SER ACEITO, QUEIRA SER AUTÊNTICO

*"Força não é fingir ser algo que você não é. É ter a coragem de viver da verdade que você é."*
*Marie Forleo*

Um dos maiores valores que existem é o da liberdade de expressar aquilo que pensamos. Dói muito quando a gente não se sente seguro ou confortável para dizer o que é preciso ou o que queremos. Dói muito deixarmos aquele assunto reprimido. Para você se libertar, precisa ser o primeiro a se aplaudir e lidar bem com o fato de que todos nós temos fraquezas e limitações. Garanto que não é preciso ser perfeito para agradar. Até porque a expectativa de perfeição das outras pessoas não é igual à sua. Aliás, até a perfeição pode causar a rejeição de algumas pessoas! Portanto, muito mais importante do que ser aceito, é ser autêntico. Em outras palavras, o importante é saber qual é a sua verdade, pois é ela quem vai fazer você se sentir bem na própria pele e à vontade para falar sem medo da reação da torcida. O primeiro reconhecimento que precisa existir é aquele que acontece dentro do seu coração.

## UM NOVO OLHAR PARA A REJEIÇÃO

*Um dos caminhos para resgatar a sua autenticidade é olhar para tudo que já rejeitou na sua vida. Já parou para pensar que você se define pelo que resolveu rejeitar? Em outras palavras, você é o resultado das suas escolhas.* Imagine se aceitasse tudo o tempo todo? Sua vida seria um caos, você não faria praticamente nada. Pense na mente de uma pessoa que aceita tudo, não rejeita nada:

"Ah, eu aceito ficar sem tomar banho, mas aceito tomar banho também."

"Aceito fazer vestibular para medicina, mas também para direito, engenharia..."

"Ah, eu aceito casar com fulano, mas também com sicrano."

A impressão que temos é que alguém assim não sabe o que quer. Logo, não tem personalidade. E assim não é autêntico. Percebe que a própria rejeição é inerente à vida e que ela em si não é ruim?

O fato de uma pessoa rejeitar fazer medicina não significa que o curso de medicina seja ruim. Quer dizer apenas que ela escolheu outro caminho profissional. O fato de ter rejeitado se casar com A porque preferiu B não significa que A não seja uma pessoa especial. Assim é em tudo na vida. ***Quando alguém rejeita as suas ideias, não significa que elas são ruins ou que você não será aceito nunca em nenhum lugar. As mesmas ideias poderão ser abraçadas por outra pessoa.*** Você sempre vai encontrar a sua turma. Por isso é tão importante conhecer e expressar a sua verdade. Para você encontrar logo o seu lugar no mundo. Quando rejeitam nossos sentimentos, não significa que eles não são bons. Significa apenas que a pessoa se conectou com outros sentimentos. Simples assim. A gente que acaba complicando. Pare de uma vez por todas de querer ser aceito por todos, de querer ser aquele que se sai "bem na fita" em tudo que faz. Olhe dentro de você e procure entender por que é tão difícil lidar com a possibilidade de não agradar a todos.

Quanto mais riscos corremos, maior será o nosso aprendizado e força interna que iremos acumular. É necessário assumir a responsabilidade pelo que acontece de ruim e bom, isto nos torna autênticos. Falar o que precisa ser falado tem um preço. Não falar também tem. É necessário abandonar a busca pela perfeição e arriscar viver nos braços da incerteza. É imprescindível comungar com a dúvida exalando uma grande compaixão por si. Aceitar as consequências de dar certo ou errado. E verdadeiramente se entregar. A vida é um risco. A cada instante estamos ao alcance da morte, seja em uma respiração ou mesmo um batimento cardíaco.

## DESAPEGUE-SE DA IMAGEM QUE VOCÊ CRIOU DE SI

Desde a infância, desenvolvemos mecanismos que seguem por caminhos de estereótipos: ou nos adaptamos como "bonzinho" ou como "rebelde". É com um desses dois papéis que ganhamos a atenção das pessoas. Ambos aprisionam e geram dor. Você sustenta algum deles? Pode ser que você tenha se apoiado na imagem do "bonzinho" e morra de medo de dizer algo que vá contra esse ideal e assuste as pessoas. Pode ser que você tenha sustentado o papel do "rebelde" e não se permita fazer algo que as pessoas possam achar comportado demais e não se identificarem mais com você. Na verdade, você precisa aceitar ser quem você é verdadeiramente. Isso é mais complexo, porque você vai descobrir suas nuances positivas e negativas – algumas vezes pode ser bonzinho, outras pode ser rebelde. Mas em todas será você! O importante é você se reconhecer em cada atitude sua.

*Às vezes precisamos ultrapassar a nossa própria arrogância. É ela que faz com que a gente se preocupe*

**demais com a imagem que criamos para nós mesmos. Uma pessoa que se preocupa demais com a opinião do outro talvez tenha a crença de ser superior aos demais. Sendo assim, não suporta a ideia de ser rejeitada por alguém. Para não ter de lidar com esse tipo de rejeição, acaba se calando e não se expressando.** Fecha-se no seu mundo. E deixa de viver na sua inteireza... Ela evita tudo que possa questionar aquilo que acredita ser. Ocorre, por exemplo, com alguém que acredita que é o máximo falando em público. Essa mesma pessoa pode ficar com receio de se expor para muita gente, porque não suportaria ver desmoronar a certeza que tem de que fala muito bem. Cá para nós, não há muito ganho nisso. Muitas vezes, abandonamos os nossos sonhos porque nos apegamos ao Eu criado. Isso é muito natural. Se você se desamarra do ego, ele se desamarra de você. Pense: é melhor ser um artista que ninguém conhece ou um artista rejeitado? A única solução é se jogar e aceitar que nem sempre os aplausos virão. Se não der certo, o máximo que vai acontecer é ficar do jeito que está. E ficar do jeito que está já é o que você já está vivendo.

*Somente no desapego daquilo que mais temos medo de perder é que seremos livres o suficiente para nos apresentarmos como candidato do grande presente que é a vida. Não é fácil! Se fosse, o mundo inteiro já estaria vivendo e não sobrevivendo.*

Quando você era criança, não existia na sua mente qualquer ideia de ser superpoderoso ou superpoderosa. Existia apenas a ideia de ser e viver. Acontece que você cresceu e parece que, para ser amado, precisa ser reconhecido, precisa ser o melhor em tudo que faz ou não terá valor. De onde vem isso? Qual o motivo? Quanto mais você buscar ser especial, mais se sentirá ameaçado e aflito com todos que estiverem ao seu redor.

Para qualquer mudança acontecer é preciso que você esteja errado em algum ponto. Sugiro que você comece a se analisar diariamente, questionando seus sentimentos, pensamentos e emoções. O que eles querem dizer? Eles têm razão de ser? O segredo da vida é o equilíbrio entre o que você é e o que deseja ser. Se eu pudesse lhe dar um conselho seria: questione as suas verdades. Entenda o que está acontecendo e faça disso um hábito. Para mim, isso virou algo automático. Vou dar um exemplo de como faço isso no meu dia a dia. Se alguém no trabalho faz com que me sinta mal, sigo esse roteiro de autoanálise:

1- No mesmo momento me pergunto o que senti. Digamos que tenha sido desrespeito. Pergunto-me se há motivo para eu ter me sentido desrespeitada. O que significa desrespeito pra mim? O que a pessoa fez para que eu me sentisse assim? Também visualizo como essa energia do desrespeito está circulando pelo meu corpo. Questionar ideias não quer dizer que você esteja errado, é apenas proporcionar possibilidades de clareza para que possam ocorrer mudanças na sua vida.

_____
_____
_____
_____

2- Avalio as consequências. Se eu estiver errada, quais seriam as consequências? Quando me sinto desrespeitada no ambiente de trabalho, questiono o que a pessoa fez para me desrespeitar e se aquilo é realmente um desrespeito... Se eu concluir que estou errada, crio ao meu redor um problema maior ou menor do que o atual?

_____
_____
_____
_____

## QUANDO EU PAREI DE TENTAR SER BOAZINHA

Tudo é uma escolha. Você escolhe se ficará reprimindo os seus sentimentos ou se dirá a verdade. *O que tem que ser feito ou dito só dói na hora. Depois que fala, passou. É o contrário de quando a gente não diz. Enquanto estamos guardando dentro da gente, isso causa ansiedade, frustração e medo. Quando resolvemos desapegar, o milagre acontece.*

Aconteceu quando resolvi passar a ser sincera comigo e começar a dizer e fazer o que verdadeiramente existia no meu coração. Confesso que não foi fácil, mas percebi que estava precisando experimentar mais momentos de frustração. Porque é na frustração que crescemos. Muitas vezes, somos bonzinhos para aliviar uma certa culpa que existe dentro de nós. O "ser bonzinho" significa mascarar algo, ou seja, ser bonzinho para conquistar alguém, para ser amado, para aliviar a culpa de algo... Preciso ser legal para aquela pessoa. Note que, no fundo, não sou bacana: é tudo fachada.

Até quando iremos ficar inventando histórias e mentindo para nós mesmos? Até quando? Qual será o momento de virar a mesa? De ser sincero? De jogar tudo para o alto?

**Tudo é uma questão de escolha. Hoje tenho escolhido ser eu mesma, cheia de defeitos e sabendo que não vou agradar a todos. E posso ser sincera? Nem quero, porque agradar a todos significa que em algum momento me desconectei de quem sou.** Sei que falarão de mim, que irão me julgar, me criticar. Vai ter gente que vai sentir inveja. Encontrarei pessoas que sentirão raiva. E está tudo bem! Tudo isso revelará que estou sendo verdadeira. Enquanto estiver todo mundo me amando, me

Tudo é uma questão de **escolha**. Hoje tenho escolhido ser **eu mesma**, cheia de defeitos e sabendo que não vou agradar a todos. E posso ser sincera? **Nem quero**, porque agradar a todos significa que em algum momento me desconectei de **quem sou**.

adorando, significa que não estou sendo eu mesma, porque ninguém consegue agradar a todos. Esse não é um conceito estático, como nenhum outro é. Existem situações em que você agrada o outro e também é agradado. Mas se observe e veja se não está dando preferência em agradar o outro e, por conta disso, acaba se desagradando.

## FERRAMENTA "TÔ NEM AÍ": AUTOANÁLISE PARA O AUTOCONHECIMENTO

Convido você a, quando não quiser fazer ou falar algo porque está preocupado com a opinião dos outros, parar por um segundo e observar sem criticar. Não julgue nem avalie, nem contra, nem a favor. Só observe, como se não tivesse nada a ver com o que está acontecendo. Seja extremamente científico nessa observação.

A observação é neutra e imparcial.

Quando um cientista faz um experimento, ele simplesmente observa sem qualquer julgamento.

Desenvolva o seu cientista interior. Está preocupado com o que os outros vão pensar? Questione: o que é esse sentimento de preocupação? Medo do que os outros pensam? Que energia é essa que chama de preocupação com os outros? Observe como se fosse uma onda do mar que vem e vai. Você vai ver que, assim como a onda do mar, de repente, esse medo irá embora porque, no fundo, ele nunca existiu. Apenas foi uma fantasia da sua cabeça para o proteger em relação ao novo, ao desconhecido.

O que está por trás dessa preocupação toda de ficar se ocupando com a opinião do outro é o medo de não ser aceito e querido.

Se o medo todo é esse, posso lhe dizer que o medo nada mais é do que a mesma energia da coragem. Você poderia ter canalizado essa energia do medo e a transformado em coragem para ir lá e fazer e falar o que precisa. A energia é a mesma. Quando você não vê a sua coragem florescendo, o medo floresce na mesma proporção.

# 10

# TENHA CLAREZA SOBRE SEUS DIREITOS E DEVERES

*"Os fatos revelam tudo, as atitudes confirmam. O que você diz — com todo o respeito — é apenas o que você diz."*
*Martha Medeiros*

Quando falo em resgatar a autenticidade e a coragem de ser quem você é, estou falando sobre fazer valer os seus direitos como ser humano. Isso é uma coisa. Outra bem diferente é se empoderar de tal modo a ponto de ultrapassar os limites do outro. Ligar o botão do "tô nem aí" se refere a ser fiel à sua verdade e não ser agressivo ou faltar com respeito a quem quer que seja. Muitas pessoas confundem sinceridade com falta de respeito. Tem quem nunca diga o que pensa por achar que vai incomodar e agredir quando, a rigor, estaria simplesmente expondo seu ponto de vista e fazendo valer seus direitos. Já outros sempre dizem o que pensam, apoiados no argumento "Sou sincero, oras", "Falo o que penso mesmo!", mas fazem isso tão deliberadamente que ultrapassam os limites do respeito, da educação e da empatia. É possível achar a medida ideal? Claro que sim.

    Imagine duas colegas trabalhando em um mesmo setor. Uma delas, sabe-se lá por quê, parece que está fazendo corpo mole. Fica o tempo todo no WhatsApp, vive distraída e não rende o suficiente. Com isso, o trabalho da outra dobrou. Afinal, ela está correndo para dar conta das demandas do setor e o chefe não reclamar. O que fazer nesse caso? Por mais que a vontade seja de "explodir" e dizer poucas e boas para a colega espaçosa, ela estaria no direito de agir dessa maneira? Parece que não. Eu convidaria essa moça a descobrir quais são seus direitos nessa situação. Sim, ela tem o direito de pontuar o que está acontecendo. Sim, ela tem o direito de perguntar qual solução devem tomar juntas para resolver a situação. Assim: "Estou vendo que você tem andado muito ocupada no telefone tendo que resolver coisas pessoais. Em razão disso, eu tenho ficado sobrecarregada para finalizar o serviço que é de nós duas. O que poderemos fazer em relação a isto?" Veja que é possível exercer o direito de falar o que pensa sem perder a razão nem faltar com o respeito ao outro. Isso é importantíssimo!

É preciso ter consciência de que não se pode tudo o tempo todo, quando esse "tudo" atropela e passa por cima de quem estiver na frente. Minha sugestão é que, na dúvida, você se ancore naquela máxima: "Não faça ao outro o que não gostaria que fizessem com você". Esse é um bom modo de conduzir as suas atitudes de forma a não se arrepender depois. Vale também estar preparado para as mais variadas reações do outro. Afinal, temos controle apenas das nossas ações. Mesmo procurando expressar a sua verdade sem violar os direitos do outro, pode ser que ele fique magoado, irritado. Nesse caso, não cabe o sentimento de culpa da sua parte. *É direito de qualquer pessoa fazer tudo o que deseja, desde que não prejudique ninguém. É direito solicitar algo a alguém, desde que se compreenda que é direito desse alguém negar.*

É direito de qualquer pessoa fazer tudo o que deseja, desde que **não prejudique** ninguém. É direito solicitar algo a alguém, desde que se **compreenda** que é direito desse alguém negar.

## VOCÊ SE DÁ O DIREITO?

Muitas vezes uma pessoa deixa de fazer algo justificando ter desistido por causa da opinião dos outros. Mas, lá no fundo, é ela mesma que acha que não tem direito àquilo. É sempre possível encontrar mil desculpas para não fazer o que precisa ser feito, mas isso fará você se sentir cada vez mais triste com a vida que está levando. ***Se alguém se preocupa muito com algo, é porque não se sente merecedor daquilo.*** Se uma chefe se preocupa muito com o que o funcionário vai dizer caso ela tire um dia de descanso, isso é sinal de que ela não se sente no direito de ter um dia de folga. A partir do momento em que ela toma consciência de que tirar um dia *off* é seu direito, que isso não implica invadir o espaço de ninguém e que cada um tem as suas obrigações e direitos, tudo fica mais fácil.

Algo parecido pode acontecer com uma mulher que tem um filho pequeno e entende que não tem direito de parar alguns instantes para ler um livro ou assistir a um filme. Ela acha que precisa dar atenção o tempo todo para a criança. A partir do momento em

Se alguém se **preocupa muito** com algo, é porque não se sente **merecedor** daquilo.

que essa mãe percebe que sim, tem direito ao seu próprio descanso, ela começa a se dar a oportunidade de ler os livros sem se sentir culpada. Trata-se de resgatar a integridade consigo mesma.

Para você perceber quais os direitos e deveres que tem consigo e para com o outro, sugiro que faça uma lista e divida seus papéis por contexto: em casa, no trabalho, no grupo de amigos e por aí vai... Procure fazer uma projeção, estabelecendo silenciosamente como seria o seu "Eu idealizado" em cada uma dessas situações. Como você gostaria de se portar e falar? Como gostaria de se vestir? Como seria seu humor? Enumere as características da pessoa que gostaria de ser. Depois avalie se possui, hoje, esse "Eu idealizado". O que falta para você exercer o direito de ser quem você quer ser?

| Em casa | No trabalho | No grupo de amigos | | | |
|---------|-------------|--------------------|--|--|--|
|         |             |                    |  |  |  |

Também pode acontecer de você notar que, em uma determinada área da vida, os direitos são mais bem exercidos do que em outra. E você pode se questionar: "Por que consigo fazer algo numa situação e não consigo em outra?" Saiba que não precisa ser assim. Se você é capaz de dizer a uma pessoa que aquela vaga de garagem é sua porque você chegou primeiro, terá condições de dizer a seu funcionário que o horário que ele precisa chegar é aquele porque ele foi contratado para aquele período específico. Muitas vezes, quando você analisa as situações e as coloca no papel, tudo fica tão mais fácil e simples!

## FERRAMENTA "TÔ NEM AÍ": PARA TER CLAREZA

*O que o outro fala sobre você é menos importante do que aquilo que você pensa a seu respeito.*

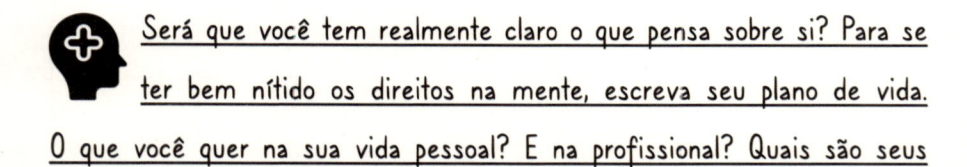

Será que você tem realmente claro o que pensa sobre si? Para se ter bem nítido os direitos na mente, escreva seu plano de vida. O que você quer na sua vida pessoal? E na profissional? Quais são seus

*O que o outro fala sobre você*

**é menos importante**

*do que aquilo que você pensa a seu respeito.*

objetivos de curto, médio e longo prazo? É muito importante defini-los e não deixar que ninguém faça isso em seu lugar. Se delegar os seus planos, dando ouvidos ao que os outros dizem que você deve fazer, vai acabar com a energia que movimenta a vida, que é a verdade.

_____
_____
_____
_____
_____
_____
_____

Sua mente precisa ter a clareza para saber qual crítica deve descartar e com qual irá se importar. Não deixe que todo e qualquer comentário abale você. Não engula nada sem ter certeza de que deve. Antes de considerar algo que dizem, faça perguntas.

Sempre questione se o que estão falando tem fundamento ou não. Essa pessoa está certa no que diz a meu respeito? O que ela disse é real? Se for um fato verdadeiro, ótimo, você não vai se ofender. E se não for verdade? Aí é que não vai se ofender mesmo! Afinal, se trata de alguém que está falando sobre o que não sabe.

O outro tem direito de falar o que quiser, na hora em que quiser. Mas o direito de absorver ou não o que foi dito é exclusivamente seu. Se você se conhece, ninguém o ofende e ataca — é você quem julga se o que está fazendo é certo ou errado. A existência precede a essência. Primeiro, você é. Seu desafio é se libertar do julgamento do mundo.

## 11

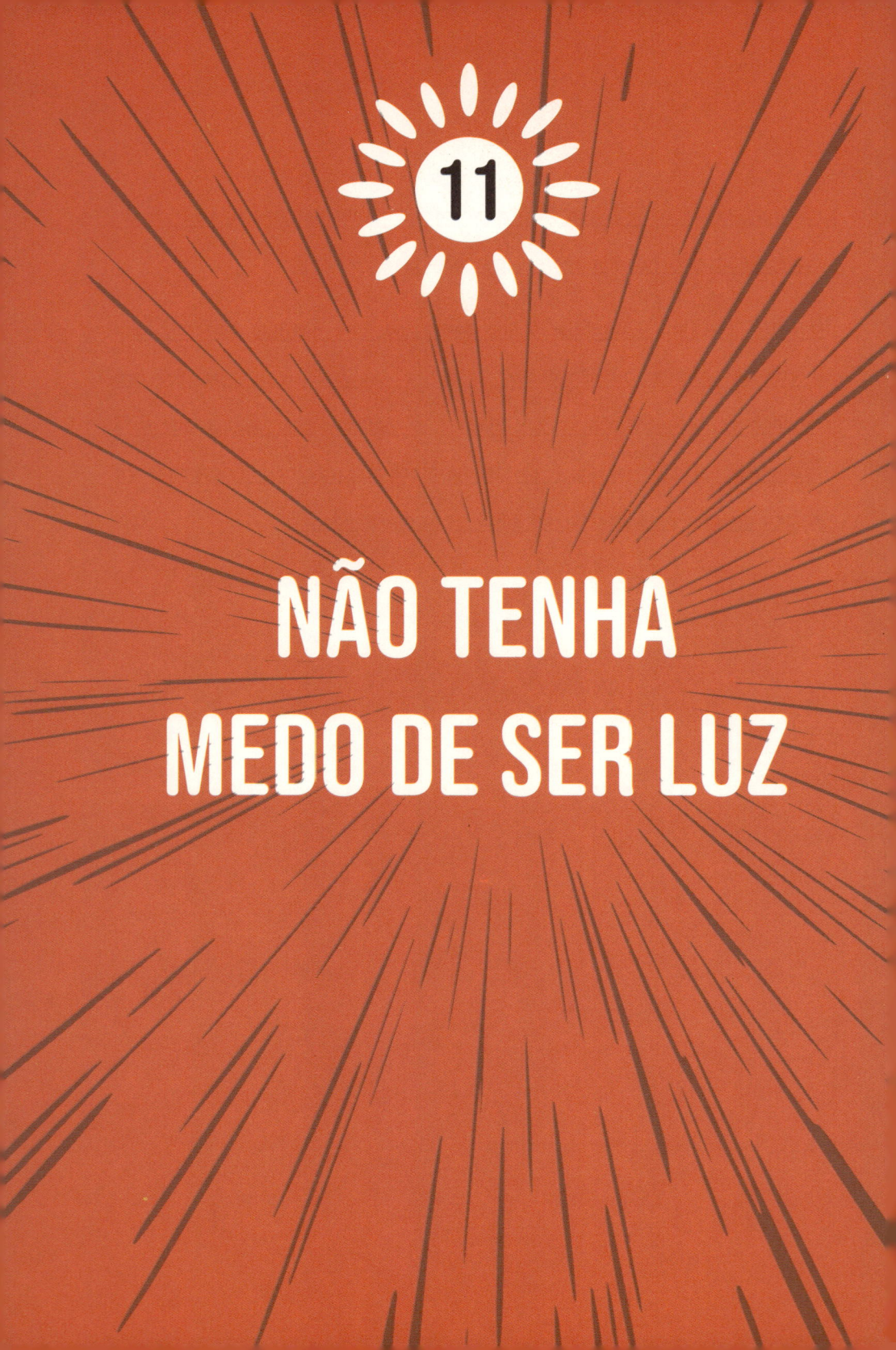

# NÃO TENHA MEDO DE SER LUZ

"De repente tudo vai ficando tão simples que assusta. A gente vai perdendo as necessidades, vai reduzindo a bagagem. As opiniões dos outros são realmente dos outros e mesmo que sejam sobre nós; não têm importância. Vamos abrindo mão das certezas, pois já não faz a menor falta. Paramos de julgar, pois já não existe certo ou errado e sim a vida que cada um escolheu experimentar. Por fim entendemos que tudo que importa é ter paz e sossego, é viver sem medo, é fazer o que alegra o coração naquele momento. E só."

Mário Quintana

À medida que você vai se destacando na vida, vai surgindo ao seu redor muita luz. Onde existe luminosidade, todo mundo enxerga melhor. Haverá aqueles que, incomodados com a claridade, vão procurar defeitos em você. Outros, inebriados por ela, enxergarão virtudes. Você vai se deparar com quem deseja o seu sucesso e ficará feliz com ele e com quem é invejoso e não quer sua felicidade. Ambas as situações sempre vão acontecer.

Porque quando você resolve se arriscar acaba despertando a atenção das pessoas.

Diante das reações negativas, só se permite ser destruído quem se preocupa com a opinião alheia e perde tempo parando o que está fazendo para escutar o que dizem. Não dê ouvidos a quem fala mal de você, deixe falarem...

Para que prestar atenção naquilo que não o coloca para cima? Pergunte-se se o que lhe disseram é BUV, ou seja, Bom, Útil e Verdadeiro. Essas são três perguntas que você pode se fazer nesse momento.

Se a resposta for "não" para essas três questões, delete o comentário. Só coloque energia em movimento se perceber que de fato a crítica é uma construção para ajudá-lo a ser uma pessoa melhor.

Acredite em si mesmo, na sua essência e em seu propósito, e siga adiante. Afinal, você e muitas pessoas vão se beneficiar da sua luz. Não deixe que ela se apague por causa de um julgamento maldoso.

Muitas vezes quem fala de nós nem nos conhece. Nesse caso, a forma de neutralizá-los é mais fácil, já que não existe um contato pessoal com a pessoa. No entanto, sei que muitas vezes a pessoa em questão está na nossa casa, no nosso trabalho ou é um amigo. Mesmo assim, existem formas de equilibrar o efeito que essas pessoas podem causar.

**A melhor forma de lidar com o inimigo é dando aquilo que você tem de melhor e não o que você tem de pior. Ou seja, fazer a sua luz brilhar ainda mais forte.** Você não precisa forçar o convívio, mesmo que esteja no ambiente de trabalho, em que o encontro diário é inevitável, mas sempre que estiver com determinada pessoa, dê o seu melhor. Não absorva qualquer palavra maldosa – o que foi dito pelo outro não lhe pertence. A agressividade é do agressor. Deixe que fique com ele, não guarde para você. O erro que muitas pessoas cometem é receber a agressividade e acomodá-la dentro de si.

A melhor forma de **lidar** com o **inimigo** é dando aquilo que você tem de **melhor** e não o que você tem de pior. Ou seja, fazer a sua luz **brilhar** ainda mais forte.

*É fácil sermos bons com quem é bom com a gente e sermos luz quando todos ao redor espalham brilho. O desafio é manter a sua tocha acesa quando as pessoas querem colocá-lo nas trevas. Essa é uma prova de fogo que faz você avaliar quanto está fortalecido por dentro e se conhece de fato.* Mantenha sempre sua melhor versão. Espalhe amor e sua luz não vai ficar vulnerável a qualquer comentário.

## A CRÍTICA FAZ PARTE DO JOGO – E TEM SUA IMPORTÂNCIA

Quando você não aceita a opinião do outro é porque está julgando que os seres humanos não erram e não criticam. Mas sabemos que isso é ilusão. Estar no jogo chamado vida é estar aberto a todas as possibilidades. *Quanto mais você for julgado, mais aprenderá a lidar com esse sentimento.* Não é assim que acontece na escola? Não é assim que acontece no trabalho?

Quanto mais nos dedicamos a um ofício, mais ficamos prontos para realizar determinada função. Com as emoções acontece da mesma maneira. É preciso se abrir sem temor ao olhar alheio, não esperar somente elogios. Importante saber que a crítica faz parte da dança e tem grande importância. O lado positivo disso é a chance de aprimorar o músculo da autoaceitação para se amar completa e profundamente, independentemente do olhar do outro.

**No dia em que você fizer o que tiver de ser feito e já não se incomodar com os comentários alheios, podemos dizer que se libertou e está pronto para iluminar o caminho por onde passar.**

Não se trata de uma tarefa fácil. Ninguém gosta de ficar sendo analisado ou avaliado. Desde a infância na escola, nos ensinam que não é agradável ser testado. Afinal, o que se espera de uma prova? Uma nota alta. Quando a nota não vem, é sinal de que falhamos. Nossa sociedade nos ensinou que errar é igual a fracassar. Então, crescemos acreditando que os erros contidos numa prova são ruins – se não fossem eles, a nota não teria sido baixa. Ninguém nos contou que é por meio desses erros que podemos aprender, crescer e nos tornar melhores.

Deixar de fazer ou falar algo para evitar o comentário do outro é como deixar de fazer uma prova para evitar a nota baixa. Você se poupa do julgamento, mas também se priva de saber quais os sentimentos aquela atitude irá gerar em você. Foge da possibilidade de amadurecimento. **_Não há como se tornar forte realmente nesta arte se não for dizendo "Tô nem aí" para o que dizem. Isso é libertador e ainda possibilita que você crie confiança para se aceitar e se amar cada dia mais._**

## FAÇA A SUA ESCOLHA

Assim como você escolhe trabalhar todos os dias, também escolhe o que vai pensar, dizer e fazer. Tenha pensamentos harmoniosos. Plante e semeie o bem. Todo dia, ao acordar, você faz uma escolha: se o que vai passar pela sua mente é algo bom ou não. Em meu primeiro livro, Todo santo dia, reuni várias atitudes capazes de mudar o pensamento e nos colocar numa frequência positiva. Até mesmo o exercício físico pode mudar sua atividade cerebral! A gênese do sofrimento é o pensamento. Para se manter na frequência do bem, existe uma técnica: não colocar foco naquilo que entristece você. Para que isso aconteça na prática, investigue a causa do que passa pela sua cabeça. Pergunte-se: "Por que estou pensando isso?".

Quando eu era mais nova, me preocupava muito em ter que assistir aos noticiários ou ler o jornal pela manhã. Acreditava que se meu cliente ou algum amigo viesse conversar sobre as últimas notícias e eu não soubesse do que se tratavam, ele pensaria que eu era uma pessoa desinformada. Só que toda vez que eu decidia ouvir as últimas manchetes, quase sempre via morte, roubo, traição e desonestidade. Isso fazia com que eu me conectasse com a tristeza e a fraqueza logo cedo, deixando os meus pensamentos imaginarem que o mundo estava perdido e que uma atitude minha frente a mais de 200 milhões de habitantes não valeria de nada. Hoje, escolho pela manhã orar, fazer uma *live* pelo meu canal do YouTube, escutar uma boa música, adorar a Deus ouvindo uma das canções que Ele me usou como instrumento para compor, ler algumas páginas de um livro, meditar, ir para a academia ou qualquer outra atividade que me conecte com força e poder. Dessa maneira, automaticamente tenho pensamentos que ampliam minhas possibilidades. Hoje sei que posso mudar o meu mundo. E a partir do momento em que a minha estrela brilha, consigo iluminar mais estrelas que estejam ao meu redor.

Você também pode fazer isso, resolvendo trocar os maus pensamentos por outros edificadores, trocar as atitudes que o deixam mal por outras que lhe fazem bem. Experimente fazer isso e veja como seu bem-estar e sua postura diante da vida mudam.

Cuide também dos seus sonhos, daquilo que você projeta para sua vida. Aliás, sabe quais são os seus? A pessoa que se preocupa com o que as outras falam geralmente não tem claro o seu projeto de vida, o seu propósito. Não sabe verdadeiramente aonde quer chegar e qual preço está disposta a pagar para isso. Quando temos um sonho, precisamos estar prontos para receber as glórias, mas também para passar pelo desamor. Isso precisa estar muito claro. Enquanto você está se preocupando com o que falam por aí, significa que não parou ainda para pensar em fazer algo grandioso que seja importante não só para você, mas para toda a humanidade.

O começo de uma ação positiva vai exigir que todo o seu corpo procure ser congruente com aquela ação, de tal sorte que isso influenciará diretamente o que você sente sobre si mesmo.

*Só podemos dar aquilo que temos no nosso coração. Se ele estiver repleto de insegurança, é isso que vai preencher sua vida. No momento em que perceber que o amor, a paz e a aceitação começam a partir da sua escolha de vida, você se sentirá livre para deixar de se preocupar com os outros. Escolha se desamarrar dos sentimentos que fazem sofrer.*

## O QUE REALMENTE IMPORTA?

A maioria das pessoas está em busca de obedecer às regras da sociedade. Parece mais fácil e "correto" agir assim. Mas, geralmente, quem faz a diferença neste mundo são aquelas pessoas que agem por um ideal, sem esperar a aprovação dos outros. Pergunte a si mesmo o que realmente importa – ou seja, quais são seus valores de vida. Muitos irão julgá-lo por não seguir um determinado padrão. Mas se você for fiel aos seus valores, saberá o que realmente importa. E será mais fácil seguir adiante, sem culpa, mesmo consciente de que nem todas as pessoas têm aquele mesmo valor que fez você tomar a sua decisão. Aceitar a opinião dos outros é ter humildade, uma virtude essencial para superar o medo de se expor. Saber que é natural não ser considerado o máximo nos liberta. Quando uma pessoa se acha melhor do que as outras, ou tenta construir uma imagem em cima dessa perfeição, ela fatalmente tem dificuldade em exercitar a humildade. Consequentemente, tem medo da exposição.

É natural termos a ilusão de que somos o centro das atenções – até porque nosso pensamento decorre da nossa realidade. Mas a grande verdade é que nem eu, nem você, nem ninguém está nessa posição. As pessoas andam muito ocupadas cuidando da própria vida. Portanto, quando dizem algo sobre nós, é porque de alguma forma aquilo tem alguma relação com elas mesmas. **Ao perceber isso, se dará conta de que a opinião dos outros só vai afetá-lo se você der poder a ela.**

Não é possível monitorar tudo o que as pessoas falam. Muito menos o que elas pensam. Não vale a pena viver na busca por fazer com que alguém que não o conhece verdadeiramente goste de você. Não é preciso. Quem faz isso, tem a necessidade de estar no controle. Trata-se de um desgaste imenso de energia.

**O único jeito de solucionar esse medo da exposição é enfrentá-lo, é não ter medo de ser luz.** Acontece como um ciclo virtuoso. O medo é simplesmente um desafio dos muitos que

O único jeito de **solucionar** esse medo da exposição é o enfrentá-lo, é não ter medo de **ser luz.**

existem na vida. Quando você vive o processo de aceitar e abençoar, descobre recursos em si mesmo que nem sabia que tinha. É assim que desenvolverá suas habilidades, principalmente a autoconfiança.

*Geralmente, as melhores experiências da nossa vida vêm em momentos em que há grande expectativa – e medo de que as coisas não saiam como planejamos.* Lembro que, quando fui ao primeiro encontro com o Tiago, hoje meu marido, eu estava muito ansiosa e preocupada. E se ele não gostasse de mim? Se não desse certo o namoro? O mesmo aconteceu no dia em que fui fazer a prova oral do meu concurso. Estava tão nervosa, com tantos medos... Medo de falar besteira, de rirem de mim, de dar branco... E depois que a prova acabou foi uma das situações em que senti, em mim, mais determinação e coragem.

Pare agora por um instante e lembre de duas experiências que foram importantes na sua vida. Antes de elas acontecerem, certamente você sentiu medo, um frio na barriga. Se não tivesse se permitido passar por essa sensação, não teria vivido uma linda experiência. **No fundo, o medo existe porque queremos ser amados. E achamos que só sendo especiais é que conseguiremos esse amor. Mas esse não é o caminho do amor. É a estrada para o sofrimento, porque quanto mais você busca ser especial, mais descobre que haverá alguém mais forte, mais novo, mais bonito, mais inteligente que você. Querer ser importante poderá dar sexo, dinheiro, fama, mas não amor. O amor vem de quem sabe quem você é de verdade. E a sua verdade aparece quando você se permite ser você.**

### FERRAMENTA "TÔ NEM AÍ": PARA SE MANTER NA LUZ

Vou ensinar você a praticar uma técnica muito poderosa que ajudará a se libertar do medo da exposição e da rejeição. Essa é uma ferramenta muito potente para recuperar a sua luz e autoconfiança.

No fundo, o medo existe porque queremos ser **amados**. E achamos que só **sendo especiais** é que conseguiremos esse amor. Mas esse não é o caminho do amor. É a estrada para o **sofrimento**, porque quanto mais você busca ser especial, mais descobre que haverá alguém mais forte, mais novo, mais bonito, mais inteligente que você. Querer ser importante poderá dar sexo, dinheiro, fama, mas não amor. O amor vem de quem sabe quem você é **de verdade**. E a sua verdade aparece quando você se permite ser você.

Comece respirando profunda e lentamente, com a boca entreaberta. Faça uma respiração diafragmática: inspire enchendo a barriga (e não os pulmões) de ar e expire de forma cíclica. O ar que entra é o mesmo ar que sai. Desta forma, você vai oxigenar o cérebro e relaxar. Faça isso pelo menos sete vezes. (Importante: essa respiração pode aumentar seus batimentos cardíacos. Por existir a possibilidade de acessar muitas informações de memórias passadas, não é recomendada a respiração diafragmática para quem tem pressão alta ou epilepsia. Se for o seu caso, pule a parte da respiração e faça apenas o exercício que explico a seguir.)

Imagine que você é capaz de entrar na sua linha da vida. Aquela que contém o seu passado, presente e futuro. Você vai se imaginar fazendo uma retrospectiva, procurando todos os momentos em que desejou algo ardentemente e teve medo de não conseguir. Faça essa retrospectiva até chegar à primeira vez em que você lembra ter sentido esse medo na sua jornada. Ao chegar na origem, dê mais um passo para trás, onde você possa se sentir seguro, e olhe para aquele acontecimento. Veja, ouça e sinta. Perceba se existiam pessoas naquela cena. Se sim, o que diziam? Procure compreender o que estava acontecendo dentro do seu ser, pergunte para o seu coração por que sentia medo. Qual era o benefício que você tinha em preferir se manter seguro? Era não correr o risco de ser julgado? Era não passar por ridículo? O que você queria evitar? Se havia outras pessoas naquele momento, entenda qual a intenção positiva delas ali, qual o papel de cada uma.

Agora, congele essa cena e lembre-se de um momento em que você sentiu muita confiança. Enquanto se recordar disso, transfira para suas mãos essa confiança e posicione suas mãos sobre o seu coração. Imagine uma energia saindo delas, transmitindo amor e paz para você neste momento. Faça isso imaginando que de suas mãos sai uma luz azul, rosa e branca: são cores que representam segurança, amor e paz, respectivamente. Se houver outras pessoas no seu momento de confiança, também transmita amor e confiança para elas. Em seguida, respire pelo coração, ou seja, respire lentamente, agradecendo por ele existir. A importância de se conectar com o coração é hoje comprovada cientificamente. Já se sabe que o coração tem mais de quarenta mil neurônios e essa conexão da respiração com o coração, além de provocar a cura interna, também promove a mudança de átomos que estão ao nosso redor, sendo possível influenciar a realidade em que estamos inseridos. Novos estudos estão mostrando que o coração humano é o mais forte gerador biológico de campos elétricos e magnéticos no corpo humano, segundo o cientista Gregg Braden. Nosso coração tem a capacidade de gerar os mesmos campos dos quais as coisas do nosso mundo são feitas. Livros de física dizem: se você quiser mudar as coisas da realidade, você tem que mudar ou o campo elétrico ou o campo magnético. O que essas descobertas agora estão mostrando é que, quando temos um sentimento em nosso coração, estamos realmente criando ondas eletromagnéticas que mudam a configuração dos átomos do nosso mundo.

De volta ao nosso exercício. Resgate aquela situação de medo e perceba como você está se sentindo nela agora. Continue respirando e transmita o perdão para você e para as pessoas que estavam no evento. Depois, venha voltando na sua linha da vida, percebendo como você passa pelas outras situações de risco com confiança, amor e leveza. Quando você chegar à sua idade atual, se imagine na situação que você deseja muito que aconteça no futuro, mas que estava bloqueada pelo medo de errar e fracassar. Sinta agora como está mais confiante, amoroso e pleno para passar por esse evento. Quando você era jovem, não procurava por conforto e sim por vida. Conforme vamos envelhecendo, encontramos esconderijos confortáveis dentro do nosso ser. Agora, você não está mais procurando por vida — e sim por segurança. Por isso, acaba se preocupando tanto com o que outras pessoas pensam ou falam de você. Não deixe a vida perder a importância para você. Viva com coragem e resgate a sua luz!

# 12

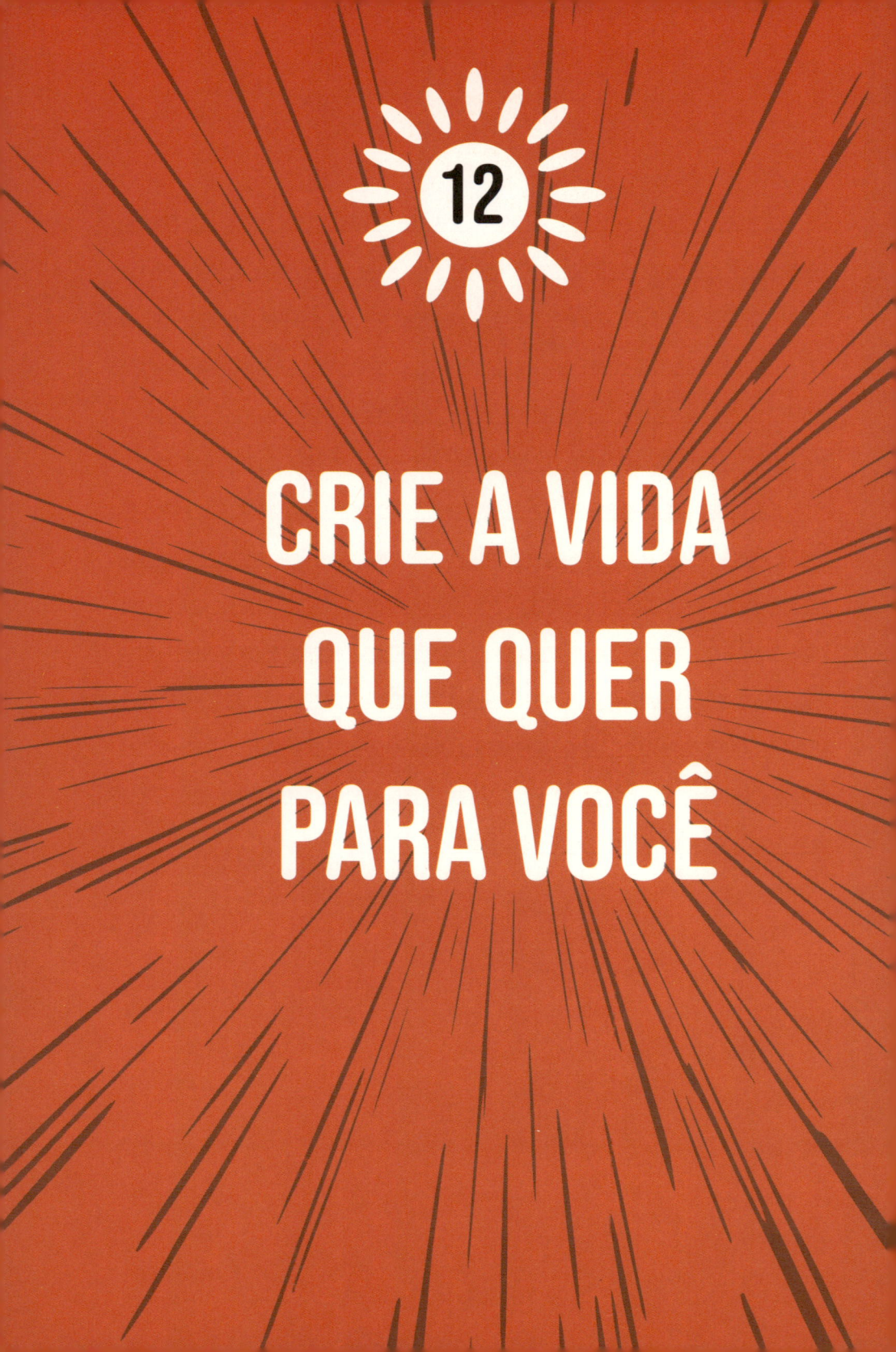

# CRIE A VIDA QUE QUER PARA VOCÊ

> *"Quando me amei de verdade, percebi que minha mente pode me atormentar e me decepcionar. Mas quando a coloco a serviço do meu coração, ela se torna uma grande e valiosa aliada."*
> *Kim e Alison McMillen*

Ao caminhar de manhã cedo, vejo árvores que nunca foram podadas pelo homem, repletas de frutos. Elas estão ali para servir aos moradores do condomínio, diante da generosidade da natureza, que dá sem pedir nada em troca. São uma representação da abundância que existe no universo. Também vejo pedras pelo caminho e muitas vezes preciso desviar delas para não tropeçar. Na caminhada da vida não é diferente. Para construir a sua realidade, você precisa decidir onde quer focar a sua atenção: na abundância ou nos bloqueios. A partir do momento em que você aceita que a sua vida é criação sua, toda mudança é possível. Aquilo que você sabe e pensa sobre si mesmo é a estrela-guia da sua realidade. *O que você aceita que é o seu merecimento no mundo é o que determina seus pensamentos, ações e, consequentemente, a maneira como trata as outras pessoas e se sente tratado por elas. Sim, você escolhe a vida que quer levar, pois tudo está disponível no universo.*

Quando alguém começa a falar de seus problemas, não julgo: sei que verdadeiramente a pessoa está sofrendo com aquilo. Também tenho os meus e me coloco no lugar dela. Mas sei também que cada um tem o poder de decidir se vai colocar energia nos problemas ou na solução, se quer focar suas inabilidades ou as oportunidades que o amanhecer trará.

*Nossa energia pode ser manifestada de forma ativa ou passiva, para coisas boas ou ruins. Quem faz a escolha quanto a usar a energia positiva ou negativa é você.* Pode parecer estranho que alguém, em plena consciência, escolha a energia negativa. A explicação é que esse processo de decisão acontece inconscientemente. Portanto, minha função

O que você aceita que é o seu **merecimento** no mundo é o que **determina** seus pensamentos, ações e, consequentemente, a maneira como **trata** as outras pessoas e se sente **tratado** por elas. Sim, você **escolhe** a vida que quer levar, pois tudo está disponível no universo.

é despertar em você a consciência sobre o pensamento que comanda sua escolha entre fazer algo ou se omitir. Inconscientemente, procuramos agradar as pessoas a fim de sermos amados. A transformação dessa energia depende do autoconhecimento. Isso quer dizer que, quanto mais você se conhece, mais toma decisões conscientes e condizentes com a sua verdade interior. Não fique no piloto automático das escolhas inconscientes. Tenha a consciência de que, na vida, somente colhemos aquilo que semeamos. Cada habitante do planeta Terra é um espelho de si mesmo. Se dá amor, recebe amor; se dá ódio, recebe ódio. Se é desconfiado, recebe desconfiança. O seu corpo também é espelho de como andam as suas emoções. Ele tem uma inteligência divina e a todo momento manda mensagens. Se você está bem ou mal, isso é reflexo dos sentimentos e pensamentos que você tem colocado dentro de si.

Você precisa resgatar a energia de ser quem você é, sem se preocupar com a opinião dos outros. Se souber usá-la, poderá ser e ter o que quiser. Viemos para o mundo para vencer – e não para fracassar. O nosso primeiro ato já foi uma grande vitória! Ter conseguido vencer aquela corrida com tantos outros espermatozoides. Possuímos dentro de nós um poder ilimitado. Assim como a árvore, somos filhos da mãe Terra. Temos abundância dentro do nosso coração e fraquezas também. Somos feitos dos dois opostos que, em vez de se repelirem, se completam.

A sua vida é a sua própria escolha. Quando você faz o que tem que ser feito, está respeitando a si mesmo. Valorize-se, aja sem julgamento. Respeitar-se significa se ver e se ouvir, aceitar que seu ponto de vista não é perfeito, que pode estar errado. Ao entender isso, você se liberta para ser você mesmo, pois não vai mais ficar se policiando para agradar o mundo antes de se agradar. Agindo de acordo com a sua verdade, a sua realidade interior vai ficando coerente com a sua realidade exterior. Você finalmente começa a compartilhar com o mundo a sua essência. Passa a cumprir o seu papel nesta vida, que é ser você plenamente. Deixe a sua verdade fluir.

## SE ESPELHE NAS CRIANÇAS

Criar uma nova vida comprometida com a sua verdade é um hábito. É necessário começar em situações simples. Com o tempo e a persistência, você se aprimora a ponto de se colocar em situações que lhe causam mais desconforto. Uma maneira de trazer essa espontaneidade da sua essência é se espelhar nas crianças. Elas são mestras em ser elas mesmas. Precisamos reaprender isso. Quando éramos bem pequenos, não ficávamos paralisados, com medo do que alguém pensaria sobre nós. Por volta dos cinco anos é que começamos a sofrer com a opinião das outras pessoas, porque começamos a construir as crenças que estão sendo passadas por meio de nossa educação. Por isso, vejo uma importância enorme em educar os filhos com firmeza, mas em nenhum momento com raiva ou desamor, estimulando sempre o processo criativo. Estamos criando os futuros habitantes deste planeta e é essencial ter o cuidado de não limitar nossos filhos pela ideia dos outros. Essa limitação começa quando você se preocupa muito mais com o que o outro pensa do que com o que seu filho pensa.

Não aprisione seu filho tentando fazer com que se encaixe numa imagem que não é dele, respaldado pelo argumento de que deseja o melhor para ele. Meu sonho quando pequena era estudar no método Kumon, porque nunca me dei bem em matemática. Assim que tive oportunidade, coloquei minhas duas filhas, ainda bem pequenas (uma com cinco anos e a outra com seis), na escola que ensinava esse método. Elas sempre foram bem em matemática, mas eu achava que não era o bastante. O que aconteceu é que nenhuma queria fazer aulas extras. Fiquei com um conflito interno muito grande sobre se deveria tirá-las ou não. Como mãe, queria o melhor para elas. E o melhor parecia terem a melhor educação. No entanto elas poderiam crescer um pouco mais e tomar a decisão, por conta própria, de escolher focar mais a matemática ou qualquer outra matéria. Meu marido e eu, mesmo sem estarmos 100% certos da decisão, tiramos as duas das aulas extras. Hoje, vejo nitidamente que eu tentava encaixar minhas filhas num modelo que criei, que eu entendia ser o melhor. Não tinha parado para escutar a opinião delas. Em vez disso, tentávamos controlá-las e manipulá-las. Se continuássemos tendo essa atitude, sempre que elas não fizessem o que desejávamos, sentiriam a culpa de não estarem obedecendo o papai e a mamãe.

Há pessoas que nascem para ser artistas, outras engenheiras, outras empreendedoras, outras médicas... Não é saudável querer seguir um roteiro imposto pela sociedade. Isso gera frustração e culpa. Gera medo de ser quem você é.

A culpa é uma grande arma de controle de outras pessoas. Se amamos nossos filhos, temos de apoiá-los para que possam ser tudo que quiserem ser. Assim, estaremos contribuindo para que os adultos do futuro exercitem a autoaceitação e não se percam da sua essência.

## CUIDE DA SUA COMUNICAÇÃO

Temos muito medo de dizer o que pensamos porque tendemos a ser emocionais e divagar no mar da ilusão. A partir do momento em que trazemos a concretude, tudo se torna mais claro. **Portanto, se estiver com receio de falar ou fazer alguma coisa, não foque nos sentimentos envolvidos. Tire as emoções de cena e veja o que fica. Quando você é objetivo, seu pensamento fica mais simples.**

Quer um exemplo? Digamos que um chefe precise dar um *feedback* negativo a um colaborador que não deu uma resposta rápida a um cliente. O problema é que, toda vez que tem de chamar a atenção desse funcionário, este fica irritado e se defende. O que o chefe quer é dar o *feedback* sem ter de enfrentar a reação costumeira dele. Para não perder a razão e ver seu *feedback* sendo acatado, ele precisa evitar comentários emocionais como: "Você é esquecido", "Você é displicente", "Você me irrita toda vez que faz isso". Se colocar luz no drama emocional, em vez de resolver o problema, acabará criando outro. A questão se torna pessoal e se instala a animosidade. A resolução do problema fica em segundo plano – pode acabar até sendo esquecida. E ainda há o risco de o empregado sair falando mal do chefe para a empresa inteira. Qual seria, então, a atitude recomendável? Organizar seus pensamentos e sua fala. Focar nos fatos e excluir qualquer julgamento de valor. Dizer algo como: "Ontem, você ficou de mandar um e-mail para o cliente X e não mandou. Até agora o cliente não recebeu qualquer resposta sua". Você também pode finalizar com uma explicação: "Esse comportamento cria o problema X...".

## A CORAGEM DE MUDAR

Quando somos crianças, não deixamos de brincar com um novo jogo só porque o velho já não está tão bom. Muito pelo contrário! Uma criança sabe como é divertido explorar todas as possibilidades, inclusive as coisas novas. A diferença é que crescemos e, com a vida adulta, vêm as preocupações e as responsabilidades, que colocam cadeados em nossos pés e mãos. Mesmo que tenhamos a chave, dá muito medo de soltar. Acostumamo-nos a administrar o sofrimento. Passar pelo portal da mudança causa medo porque não sabemos o que nos aguarda. É comum pensar: "Pelo menos essa dor eu já conheço e sei lidar com ela".

Tudo nos foi dado para brilharmos o máximo que podemos, mas não acreditamos suficientemente na nossa luz. **Acabamos determinando quem somos pela forma como os outros nos veem. Vamos vivendo de um jeito que não é nosso porque vivemos buscando corresponder às expectativas. Aprendemos a ser nossos piores inimigos.** Eternos julgares. Quando ocorre uma verdadeira transformação, você muda e todo o mundo muda ao seu redor.

Certa vez, compartilhei com um amigo meu objetivo de desafio de ter sucesso e tocar as pessoas com minha mensagem, mas confessei que tinha medo da crítica e dos julgamentos. Ele me disse para orar, confiar e seguir. Sempre faço isso quando

Acabamos determinando **quem somos** pela forma como **os outros** nos veem. Vamos vivendo de um jeito que não é nosso porque vivemos buscando **corresponder** às expectativas. Aprendemos a ser nossos piores inimigos.

a dúvida vem. Eu não sei no que você acredita, se em uma força, um Deus, uma energia. Não importa. O fato é que, quando você se agarra a essa energia, passa a não mais temer os outros. Sabe que tem um poder dentro de você que faz com que aceite a mudança e aprenda a confiar. Acho que a palavra mais forte aqui se chama confiança – e sei que é um desafio confiar em algo que não se vê.

Vejo que, quando estamos com Deus, seguir em frente se torna mais simples – e não digo fácil. Entre no fluxo da mudança, deixe o papel de vítima para se apropriar do papel de líder da sua própria jornada. Seja agente da transformação e saiba lidar com as mudanças com fé nesse futuro que ainda não existe.

## FERRAMENTA "TÔ NEM AÍ": PARA CRIAR A VIDA QUE SEJA REFLEXO DA SUA ESSÊNCIA

Para você resgatar quem você é de fato, precisa exercitar diariamente o autoconhecimento.

O primeiro passo para se conhecer é se observar. Olhe para seus pensamentos, seus sentimentos e suas palavras. Imagine não falar o que deveria ser falado com receio do que as pessoas irão pensar. Nitidamente tem aí uma dificuldade de lidar com seus erros e um sentimento de que vão tirar algo de você. Há uma crença na escassez que precisa ser trabalhada.

O segundo passo é tomar uma decisão. Escolher assumir a responsabilidade pelos seus pensamentos e seus atos. Saber que a culpa não é de ninguém. Você responde pelos resultados da sua vida. O outro, o governo, o que for, pode errar, mas aquilo que você faz com o erro do outro é que vai definir a sua vida.

O terceiro passo é não se culpar. A culpa suga a energia e faz com que a pessoa não tenha forças para continuar. É importante se liberar de todo sentimento de culpa que possa existir. Lembrando que sempre existe a oportunidade de recomeçar.

O quarto passo é sonhar. Enquanto seus objetivos não se realizam, ofereço a você a oportunidade de se entregar a uma visualização. Mergulhe nela e sinta toda a beleza que é ter e ser aquilo que você deseja.

O quinto passo é fazer afirmações poderosas. Faça-as pelo menos três vezes ao dia. Aconselho fazê-las de manhã, de tarde e de noite. Por um mês. Por exemplo:

1. Tudo que eu preciso está dentro de mim agora. O Universo me acolhe com amor e eu sei que sempre posso recomeçar.

2. Eu sou abundante e atraio tudo de bom para minha vida. Tudo que eu preciso saber me é revelado e tudo de que eu preciso chega até mim.

3. Eu aceito minha vida tal como ela é e aceito todas as oportunidades com as quais o Universo me presenteia diariamente.

Quando você faz esse exercício, abre a possibilidade de perceber que, se a sua vida não está funcionando como você gostaria, é porque deixou que os outros ditassem as regras que deveriam ter sido estabelecidas unicamente por você. Ao reconhecer isto, descobrirá que nem seus pais, nem seu chefe, nem seu companheiro(a), nem ninguém fez exatamente nada com você. Foi você, exclusivamente, que acreditou numa mentira que se contou. Agora é chegada a hora de trazer esse poder novamente para seu coração. Resgatar essa energia da verdade, porque tudo não passa da mais absoluta ilusão.

Quando somos pequenos, acreditamos que aqueles que exercem autoridade sobre nós estão sempre certos e são donos da verdade. É nesse momento que começamos a acreditar em coisas que nem sempre representam a verdade. E com medo de desobedecê-los e sofrermos punição, começamos a construir crenças limitantes dentro do nosso ser.

**É muito importante que, a partir de hoje, você observe como é sua reação frente às pessoas e vice-versa. Entenda isso e aceite que você é o criador da preocupação na sua vida (e não o outro). Isso será a chave para resolver os seus problemas. O Universo espelha aquilo que acreditamos. A realidade que acontece na nossa vida é o espelho dos nossos pensamentos, sentimentos, ações e relações. Tudo o que você dá ao mundo é o que você recebe de volta.**

É muito importante que, a partir de hoje, você observe como é sua reação frente às pessoas e vice-versa. Entenda isso e aceite que você é o **criador** da preocupação na sua vida (e não o outro). Isso será a **chave para resolver** os seus problemas. O Universo espelha aquilo que acreditamos. A realidade que acontece na nossa vida é o **espelho** dos nossos pensamentos, sentimentos, ações e relações. Tudo o que você dá ao mundo é o que você **recebe** de volta.

# 13

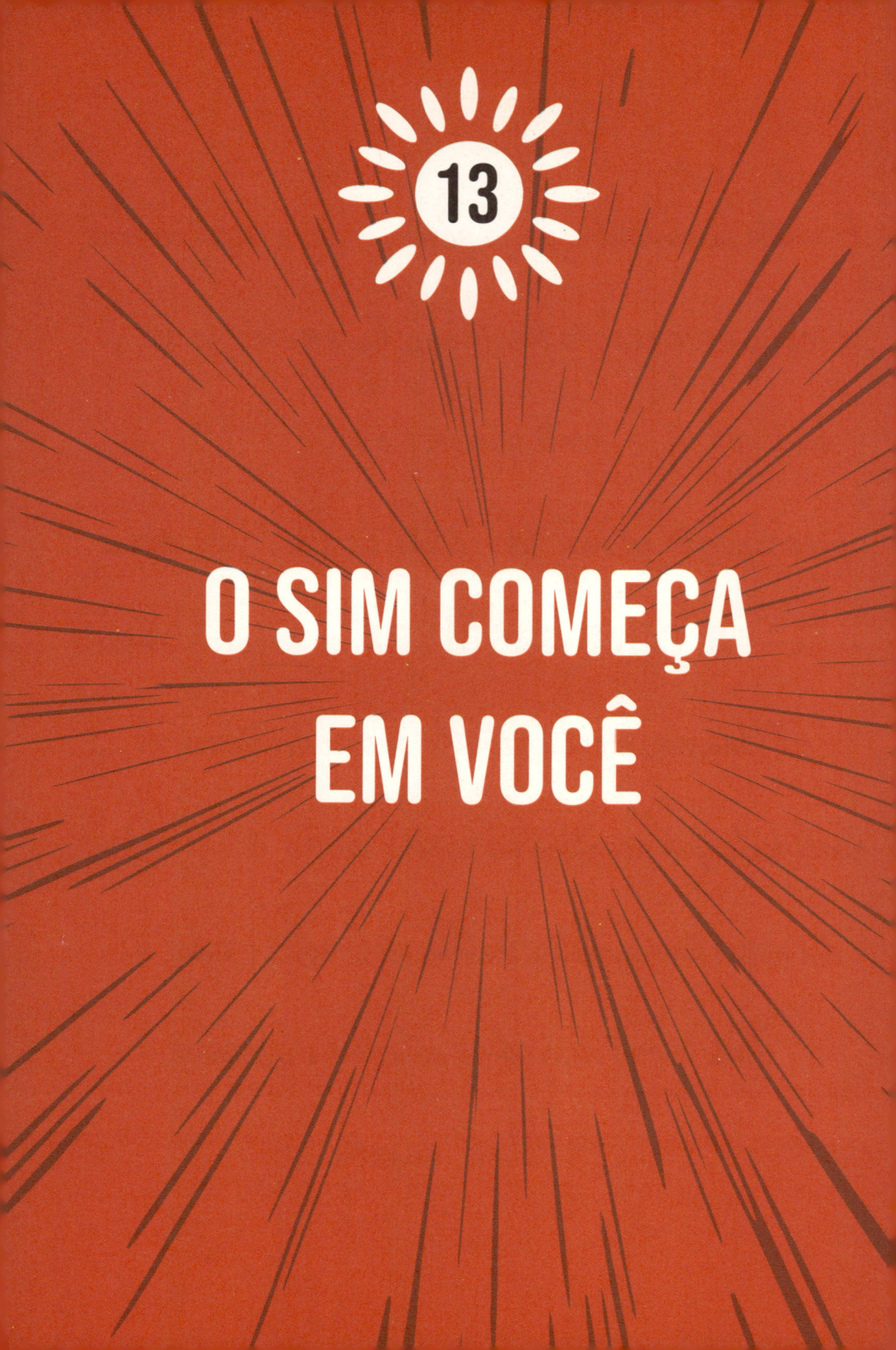

# O SIM COMEÇA EM VOCÊ

*Namastê: O Deus que habita em mim saúda o Deus que habita em você.*

**P**assamos boa parte de nossa existência, quiçá a vida inteira, acreditando que a certeza e a segurança são o caminho da felicidade. Todos querem se assegurar de que são amados, terão o que comer, serão felizes, terão saúde e um salário no final do mês... Queremos a segurança mesmo quando ela não é a melhor coisa para nossa vida. É o caso de uma pessoa querer a segurança de um relacionamento amoroso ou de um mesmo ofício para a vida toda, sem se dar conta de que seria muito mais feliz se conseguisse reconhecer quando o ciclo acaba.

***O valor da segurança está intrínseco em nós e é a fonte de muito dos nossos sofrimentos. Com a necessidade de segurança, vem a necessidade do controle.*** Queremos controlar tudo – ou quase tudo.

Mas essa realidade não é possível. O único controle que podemos ter é com as nossas decisões e atitudes diante de um fato já ocorrido. Enquanto algo ainda não ocorreu, o que fazemos é uma aposta, um ato de fé. Verdadeiramente, não temos 100% de certeza de como aquilo irá se suceder.

**Nem eu, nem você, nem ninguém tem controle sobre o outro, a vida, o tempo ou os acontecimentos. Nem por isso iremos desistir da vida! Pelo contrário: convido você a se libertar da necessidade de segurança e se permitir ser quem você é.**

Eu também tinha essa crença de que era possível viver num contexto em que nada fugiria do meu controle. Nasci numa família de funcionários públicos em que a segurança era o principal valor. Trilhei o mesmo caminho de concurso público, porque buscava sentir essa estabilidade. Um dia, enxerguei que a caminhada é feita de mudanças. O grande X da questão é aceitar isso e estar disposto a viver as novidades. São elas a nossa fonte de crescimento – e não a estabilidade. **Uma vez que resistimos às mudanças por** *medo do fracasso, da opinião alheia ou de perder algo, negamos não só a nós mesmos, mas TODO O PROCESSO DE VIDA. Quanto maior sua necessidade de segurança, maior o seu sofrimento.*

Não estou dizendo que ter segurança é ruim. Desagradável é o sentimento de medo que alimentamos por valorizá-la tanto. Por sequer querer pensar em perder o que conquistamos, deixamos de viver intensamente tudo que poderia vir para nossa repleta felicidade. Ninguém quer experimentar a perda, nem o desconhecido, nem as infinitas possibilidades que existem. Esse é o preço que se paga por estar vivo. Não existe seguro contra o risco de ser quem se é. *O ser humano está tão apegado à segurança que existe seguro contra tudo, roubo, carro, responsabilidade, mas no fundo não há como se falar em uma garantia absoluta. Se a vida não pudesse ser perdida, não iríamos apreciá-la como apreciamos.*

*As pessoas têm medo porque buscam a certeza, mas a vida é eterna insegurança e incerteza. O dia da morte é incerto. Por quem iremos nos* apaixonar é incerto. Como virão os filhos que teremos ou não teremos é incerto. Se daremos certo na nossa profissão ou não é incerto. E é aí que mora o mistério e a beleza da vida. A vida é incerta, a chuva cair ou não do céu é incerta, a doença é incerta. A segurança não existe.

Por que buscar essa segurança que não existe? Por que deixar de fazer aquilo que você acredita por estar com medo de perder algo que verdadeiramente você nem tem? O pior é acordar quando já é tarde demais. Preencher esse vazio é a mesma coisa de dizer "fica quieto, não faz nada, não arrisca", porque daí não tem risco de você perder. Você já escutou o velho ditado: "Melhor um pássaro na mão do que dois voando"? Esse ditado representa uma imensa covardia. Desculpe, mil perdões para quem o criou, mas tudo aquilo que é voltado para a extrema segurança deixa a vida sem sabor e brilho. Se você tiver medo de perder o seu pássaro, nunca voará, porque o medo de perdê-lo não o deixará descobrir seus reais poderes.

Por que buscar essa segurança que não existe? Por que deixar de fazer aquilo que você acredita por estar com medo de perder algo que verdadeiramente você nem tem? O pior é acordar quando **já é tarde demais.** Preencher esse vazio é a mesma coisa de dizer "fica quieto, não faz nada, não arrisca", porque daí **não tem risco** de você perder. Você já escutou o velho ditado: "Melhor um pássaro na mão do que dois voando"? Esse ditado representa uma imensa covardia. Desculpe, mil perdões para quem o criou, mas tudo aquilo que é voltado para a extrema segurança deixa a vida **sem sabor e brilho.** Se você tiver medo de perder o seu pássaro, nunca voará, porque o medo de perdê-lo não o deixará descobrir seus **reais poderes.**

***A busca pela segurança impede você de ir adiante e de andar. Faz você se preocupar com a opinião das pessoas e com o que elas podem falar ao seu respeito. Não deixa você ser a pessoa que deseja ser.***

A essência da existência é a mudança. Tudo está se transformando o tempo todo. Nada é permanente – mesmo os estados estáticos são dinâmicos na natureza. Pode ser que você esteja dizendo para si que a parte mais difícil do processo de mudança é identificar qual é a hora certa de mudar. A resposta está dentro do seu coração. Feche os olhos. Respire sete vezes com o coração e pergunte para si mesmo se esta é a hora. O seu coração saberá a resposta.

A vida fica mais fácil quando você passa a focar sua energia no que deseja. O caminho, por não ser certo, não precisa ser temido. Ele não é seguro para você nem para ninguém. Apenas quando começamos a percorrê-lo é que isso começa a ficar claro.

Digamos que você vá a uma floresta pegar uma maçã e lhe explicam onde está a árvore. Antes de

A busca pela **segurança** impede você de ir adiante e de andar. Faz você se preocupar com a **opinião** das pessoas e com o que elas podem falar ao seu respeito. Não deixa você ser a pessoa que **deseja ser**.

chegar lá, terá milhões de dúvidas: se irá encontrá-la, se essa tal árvore realmente existe... Mas, à medida que você entra na floresta, tudo vai ficando mais claro, até que você acha a tal árvore.

**_Assim também é a nossa vida. Enquanto não começamos a realizar um sonho, enquanto não trilhamos o caminho, ele parece irreal e impossível, literalmente um desejo. Assim que começamos a andar, ele passa a tomar formas até se concretizar._** Se eu puder lhe dar um conselho, eu diria para, a partir de hoje, não ficar mais preso ao valor segurança. Jogue-se nessa aventura que é a vida. Dizendo exatamente assim: "Vou sofrer pra caramba! E está tudo bem! Vou me expor e vão falar horrores de mim e está tudo bem!". Se você construir essa mentalidade abundante, nada irá segurar você.

## A SUA FELICIDADE SÓ DEPENDE DE VOCÊ

Quanto mais independentes uns dos outros nos sentimos para satisfazer nossas necessidades de felicidade, mais maduros e realmente satisfatórios tendem a ser nossos relacionamentos. Quanto menor a sua carência, menos frequentes são os conflitos e mais facilmente você resolve situações desafiadoras.

É importante que você se olhe no espelho e saiba que a única pessoa capaz de lhe causar problemas ou alegrias é você mesmo. Com essa clareza, tudo muda. Fale para si mesmo: **"O único adversário que pode me causar problemas sou eu mesmo"**. Olhe para os seus sentimentos e pensamentos sem julgamento. Perceba para quais necessidades ele aponta. Do que verdadeiramente você precisa? É necessário saber se você culpa alguém pela sua raiva, infelicidade, estresse. Quais benefícios culpar alguém traz para você?

Convido você a criar novos pensamentos como:

- "As pessoas falam porque se preocupam comigo."
- "O que elas falam se refere mais a elas do que a mim."

- "Elas falam porque é cultural falar. E está tudo bem."

Busque ter um pensamento fortalecedor sempre que a preocupação com as pessoas surgir. Sempre pense que não se trata de você e sim do outro. Se por muito tempo você deixou de ser quem era ou fazer o que sonhava em razão do que poderiam falar ou fazer a seu respeito, chegou a hora de dizer "chega" para essa situação.

O que você faria se não existisse qualquer obstáculo no seu caminho? Não se preocupe se é certo ou errado, se pode perder algo ou alguém... Imagine que nada disso irá acontecer. Apenas deixe bem claro o que deseja. Coloque-se no caminho para ser livre. A partir do momento em que você diz "Tô nem aí" para o que falam, você começa a ser você.

## UMA NOVA ERA ESTÁ SURGINDO!

Tudo muda constantemente. Quem dirá que a verdade de hoje será a de amanhã? Quem dirá que amanhã existirá o dinheiro ou que alguém será medido pelo tanto que trabalha? Que irão endeusar as pessoas de poder e de fama?

Há dois mil anos, não existia moeda – era o escambo que dominava. Tanta coisa muda! E tenho certeza de que tudo irá continuar se modificando em alta velocidade nos próximos anos. Outra Era está surgindo.

Assim como veio a religião como fonte de poder, está surgindo uma nova fase, em que as pessoas sentirão que Deus é encontrado dentro de cada um de nós e também em nossas casas. Em várias passagens bíblicas, vemos que Jesus, que tinha a oração muito presente em sua vida, gostava de se encontrar sozinho com seu Pai. Em Mateus 14:23, "subiu ao monte para orar, à parte." Marcos 1:35 diz que, mesmo de madrugada, ele se levantava, se retirava num lugar deserto, e rezava. Em Lucas 5:16 está escrito: "Ele, porém permanecia retirado em lugares desertos e orava". Às vezes passava noites inteiras em oração. Vamos então lembrar do seu gesto antes da importante escolha dos doze apóstolos: "Ele foi à montanha para orar e passou a noite inteira em oração a Deus" (Lc 6,12). O diálogo com Deus pode ser feito a todo momento. Basta silenciar a mente e conversar com o coração, e isso pode ser feito em qualquer lugar do mundo, basta se conectar com o Eu superior que vibra dentro de nós. Quando reconhecemos que existe divindade no nosso ser, passamos a buscar o aprendizado e o aperfeiçoamento, porque ao resgatar a essência de quem somos – ou seja, a nossa verdade –, conseguimos ouvir nosso Eu supremo que transmite a palavra de Deus. A partir desse momento, não nos preocupamos mais com o que os outros podem pensar ou dizer, porque nossa verdade interior é maior que tudo.

Quando todos despertarem para o fato de que o Deus que habita em si é o mesmo que habita no outro, será uma revolução. Viveremos novos tempos, em que um novo tipo de movimento irá surgir, praticado "Todo Santo Dia, a todo momento" e não apenas nas igrejas ou em nossas comunidades. Creio que seria menos separatista, mais harmônico. Cada pessoa irá comungar de mais momentos com sua família, ser ajudada no trabalho, compartilhar temores e alegrias sem medo de ser prejudicada, sem tanta idolatria e com mais percepção de que somos todos iguais.

Quando esse tempo chegar, não haverá competições, nem a intenção de falar mal, porque desejar o bem do outro será um valor muito forte. A opinião será dada para a outra pessoa com a intenção verdadeira de edificar – e não de machucar. Não haverá mais preocupação com o que o outro irá dizer, não estaremos mais lutando um contra o outro, mas, sim, nos ajudando para juntos passarmos à Era do Amor.

Uma passagem da Bíblia, em João 4:4, chamada "A mulher à beira do poço", conta que Jesus caminhou até Sicar, uma aldeia samaritana que divisava com as terras que Jacó tinha dado ao filho José. E o poço de Jacó estava lá. Então, Jesus, cansado da viagem, se sentou perto do poço. Era cerca de meio-dia. Naquela hora, uma mulher samaritana foi buscar água. Jesus então pediu se ela poderia lhe dar um pouco de água. Naquele momento, Jesus estava sozinho, pois seus discípulos haviam ido para a cidade comprar comida para o almoço. Surpresa, a samaritana perguntou: "Como pode um judeu pedir alguma coisa a mim, uma samaritana?" (Naquela época, os judeus se recusavam a falar com os samaritanos.) Mas Jesus respondeu: "Se você conhecesse a generosidade de Deus e soubesse quem sou, pediria água a mim e eu lhe daria água pura, água da vida". A mulher diz: "O senhor não tem um balde para tirar água. E o poço é fundo. Então, de onde vai tirar essa água viva? Por acaso o senhor tem mais recursos que nosso antepassado Jacó, que cavou esse poço e bebeu dele, e também seus filhos e seus rebanhos, e o deixou para nós?"

Jesus disse: "Quem beber dessa água vai ficar com sede outra vez. Quem beber da água que eu der nunca mais terá sede – nunca! A água que ofereço é como um poço artesiano interior, jorrando vida para sempre."

Então a mulher lhe pediu: "Senhor, dai-me dessa água de modo que eu nunca mais tenha sede, nem tenha de voltar a este poço."

Ele diz: "Vá chamar o seu marido e volte aqui."

"Eu não tenho marido", foi a resposta.

"Você disse bem: 'Não tenho marido'. A verdade é que você já teve cinco maridos e o homem com quem vive agora não é seu marido. Você falou a verdade."

"Ah, o senhor é profeta! Então, tire a minha dúvida: nossos antepassados adoraram a Deus nesse monte, mas vocês judeus insistem que Jerusalém é o único lugar para adorar: quem está certo?"

Jesus diz: "Mulher, acredite, está chegando a hora em que vocês samaritanos irão adorar o Pai, mas não neste monte nem em Jerusalém. Então, não é no monte, não é nas igrejas. Vocês adoram como que tateando no escuro. Nós judeus adoramos na clara luz do dia. O caminho de Deus para a salvação veio por meio dos judeus, mas chegará o momento, na verdade, já chegou, em que não importará como vocês são chamados ou onde irão adorar. O que conta para Deus é quem você é e como vive. Seu culto deve envolver o seu espírito na busca da verdade."

Quis citar esta passagem porque ela fala exatamente sobre conhecer sua verdade e se conectar com ela – e se conectando com ela, você se conecta com Deus. Observamos que a mulher da história não ia buscar água no poço no horário em que as mulheres comumente iam buscar, às seis da manhã, quando estavam em um grupo, falando, compartilhando, talvez até cantando. Essa mulher preferia o isolamento, com medo da opinião dos outros. Não se sentia pertencente àquele grupo, existia algo dentro dela que a afastava das outras mulheres. Jesus tocou nesse bloqueio em seu interior, que era sua dificuldade nos relacionamentos amorosos. Essa mulher teve cinco relacionamentos. Estava agora com o sexto homem, trazia decepção atrás de decepção. Imagina quantos abandonos, sabe-se lá como cada relacionamento terminou… Ela buscava uma felicidade, buscava alguém, construir uma família, um lar, construir uma história, mas estava insegura. Foi quando Jesus lhe falou:

"Esse é o tipo de gente que o Pai está procurando. Aquela que é simples e honesta na presença Dele em seu culto. Deus é espírito e quem O adora deve fazê-lo de maneira genuína, algo que venha do espírito, do mais íntimo do ser. Então é na intimidade que eu encontro Deus e é na intimidade da verdade que eu encontro a vida."

A mulher respondeu: "Não entendo bem sobre isso. O que sei é que o Messias está vindo. Quando ele chegar, vai nos esclarecer tudo."

"Eu sou o Messias", declarou Jesus. "Você não precisa esperar nem procurar mais." Naquele momento os discípulos chegaram e ficaram escandalizados. Não podiam acreditar que o mestre estivesse conversando com a mulher daquele povo. Ninguém disse nada, mas a fisionomia deles dizia tudo. A mulher aproveitou a oportunidade para se retirar. Um pouco confusa, deixou o jarro de água para trás. De volta à cidade, anunciou ao povo: "Venha, que me conhece como ninguém. Será que ele não é o Messias? Venha ver o homem que sabe tudo a meu respeito".

Eu visualizo a libertação que essa samaritana sentiu para chegar à aldeia dizendo a todos que havia encontrado o Messias! **Observe que nesse momento ela já não estava mais preocupada com a opinião dos outros, com o que poderiam pensar de ela ter encontrado outro homem ao meio-dia no poço ou o que seria o "tudo" a seu respeito. Por ter sido tocada pela verdade, não se preocupava mais com o que poderiam falar ao seu respeito.** O que existia em seu coração era muito mais importante do que a possibilidade de ser julgada pelo outro. E o mais lindo disso tudo: pela primeira vez na vida, essa mulher começou a admitir aquilo que a estava bloqueando, que fazia com ela mantivesse a distância dos outros e se afastasse, principalmente, de si mesma. Antes, sentia o peso de andar no isolamento. Depois, por meio do seu anúncio, as pessoas foram ver Jesus. Jesus ficou com eles por dois dias. No final, os samaritanos disseram a ela: "Nós cremos não mais por causa do que você disse, mas pelo que ouvimos. Agora temos a certeza de que Ele é o Salvador do mundo". Percebemos que, sendo verdadeira consigo mesma, essa mulher se superou. Quando você é verdadeiro, o outro reconhece isso. Você tem muito mais chances de ser aceito quando é genuíno do que quando usa uma máscara.

O que vou falar agora não está na Bíblia, mas imagino essa mulher uma semana depois de tudo o que aconteceu, não indo mais ao meio-dia tirar água. Posso vê-la junto com o grupo das seis da manhã, sorrindo, cantarolando. Ela não tem mais o que temer ou o que esconder, não tem motivo para se isolar, porque expôs sua fragilidade e passou a não ter mais medo de nada.

**Esse é o meu convite a você: descubra o que o bloqueia, o que o prende, assuma suas fragilidades**

*e o que precisa vencer. E inicie um relacionamento íntimo e sincero com a sua verdade e com Deus, porque o seu Todo Santo Dia é o milagre que Deus lhe entrega para viver diariamente. Decida apertar o botão do "Tô nem aí: o que pensam sobre mim não é problema meu" com sabedoria e viverá a vida com que sempre sonhou viver, mas que jamais imaginou desfrutar.*

Boa sorte! Agora é com você! Seguimos juntos para sempre!

Amo você, simples assim!

Com amor,

**DD (De Deus – Andreza Carício).**